JN209731

業務を革新し付加価値をアップさせる

WINNING STRATEGY WORKBOOK

税理士事務所の勝ち残り戦略ワークブック

株式会社名南経営コンサルティング【著】

日本実業出版社

はじめに

　現在の税理士業界を取り巻く環境は、「クライアントの減少」「顧問料の低価格化」「ＩＴやシステムの進化による仕事そのものの減少」など、大変厳しい状況にあるといわれています。なかでも、労働集約型産業である税理士業界において最も影響が大きく、かつその対応が待ったなしといえる問題は、人が採用できなくなってきていることではないでしょうか。

　このような状況のなか、もちろん、採用力を高めることはとても大切なことですが、残念ながら、急に高められるものではありません。また、他の事務所でも同様に高めてこられるでしょうから、どこまで高めれば必要な採用人数を確保できるようになるのか、そのゴールは不透明であり、かつその結果が保証されるものでもありません。さらにこの問題は税理士業界に限ったことではなく、日本のすべての産業に共通するテーマですから、その困難さは想像さえできません。

　また、これまでは人が足りなければ、既存職員の労働時間を増やすことで対応することも可能でした。しかしいまは"働き方改革"が重要な国策の１つになっていて、長労働時間による対応が困難になってきています。働き方改革とは、"働けなくなる改革"との認識が必要です。この時代の流れは、税理士業界においても逃れることはできません。

　ではどうしたらよいのでしょうか？　そのためには、現在の業務のありようを抜本的に見直すしかありません。要するに、今後増えていく業務も、いまのメンバーで対処できるほどの『業務改革』を進めていくしかないのです。そしてそれは、

　　　□いまの業務量を、半分の時間でやりきる
　　　□いまの労働時間で、倍の仕事をこなす
ほどの改革でなければなりません。本書では、そのような改革を進めるためのポイントを、整理し、解説していきます。

第1章では、業務改革の本質を生産性の向上と定義し、税理士事務所が目指すべき生産性向上の方向性と、具体的な改善の視点を示しました。特に第4項以降は、生産性向上の取り組みにおいて、非常に重要な基礎的事項を記載していますので、必ず確認いただければと思います。

　第2章では、税理士事務所において業務改革を実現するために欠かせない、業務の標準化について解説しています。詳細は本文に譲りますが、「再整理」と「組換え」という2つの観点から、税理士事務所で行なう業務の具体的な標準化の方法を示しました。第1項から第8項までは、すべての業務に共通する標準化のポイントを、第9項以降は、「年末調整」「確定申告」「法人決算業務」「月次業務」の各種業務ごとのポイントをまとめています。もし、具体的に改革していきたい対象業務が明確になっているようでしたら、第8項までに加えて、該当する業務の項を組み合わせてお読みいただけるとよいでしょう。

　なお、事例の紹介においては、当社が提供しているシステム「MyKomon（マイコモン）」の画面イメージや帳票類を提示している部分があります。その点、ご了承ください。

　第3章では、職員1人ひとりの仕事の仕方の再構築について解説しています。いかに事務所内の業務の標準化を進め、事務所として最も効果的・効率的な業務のあり方を明らかにしたとしても、それを実行に移し、かつ進化させていくのは"人"です。職員1人ひとりが効果的・効率的な動きをすることによって、はじめて事務所の業務改革を実現することができるのです。特に重要なのは、「段取り力」です。本章では、どのようにすれば「段取り力」を高め、より効果的・効率的な業務を実現することができるかを解説しています。事務所の業務改革の方向性が明らかになっていなくても参考にしていただけるように心がけていますので、職員の意識と行動の革新を優先したい場合は、本章からお読みいただくとよいでしょう。

　第4章では、コミュニケーション力の高め方について解説しています。税理士事務所の仕事は、職員1人ですべてを完結することはできません。お客様や事務所の上司・部下・同僚など、様々な方との接点のなかで行な

うものです。いかに事務所業務の標準化をし、1人ひとりの仕事の仕方を改善できたとしても、仕事に絡む人たちとの関係が好ましいものでなければ、真に効果的・効率的な仕事の実現はできないのです。そこで本章では、仕事に関連する方々との好ましい関係の構築を実現するコミュニケーションのあり方について解説しています。第3章同様、本章からお読みいただいてもよいようにしてあります。

　第5章では、業務改革を現実のものとするための最適な組織のあり方、および改革の仕方についての提言をしています。もちろん、こうでなければ改革を実現することができないというわけではありませんが、組織の見直しの際の参考にしていただければと思います。

　第6章では、新たな付加価値をどう生み出したらよいか、その最も現実的で直接的な取り組みである営業活動のあり方について解説しています。税理士事務所における営業活動は、一般的なイメージとは異なり、お客様から「お願いですから当社の面倒をみてください」と言っていただけるような活動でなければなりません。そのような活動にするためのヒントとポイントを解説しています。ぜひ、事務所の付加価値向上の参考にしていただければと思います。

　本書の内容は、当社が所属する名南コンサルティングネットワークの母体である税理士法人 名南経営、ならびに当社システム「**Mykomon**」をご活用していただいている全国の税理士事務所様で実践され、成果を上げていただいている内容を整理したものであり、実績を伴っている取り組みばかりです。みなさまの事務所においても、大きな価値と成果を実感いただけるものと確信しております。事務所の「勝ち残り戦略」の指南書としてご活用いただき、さらなる発展を現実のものとしていただけますよう、心よりお祈り申し上げます。

　2019年6月

　　　　　　　　株式会社名南経営コンサルティング　亀井英孝

第3章 個々人の仕事の仕方を再構築する

第6章 新たな付加価値を生み出す「営業活動」の鉄則

カバーデザイン・本文レイアウト◉志岐デザイン事務所（山本嗣也）
本文DTP◉一企画

第 1 章

生産性向上を果たす業務改革

1 ① 税理士事務所における業務改革とは

　税理士事務所における「業務改革」の具体策を考えるにあたり、まず業務改革とはいかなるものなのか、そして、その方向性について定義付けしておきましょう。

（1）業務改革とは

　一般的に「業務」とは、「日常継続して行なわれる職業上の仕事」であるといわれます。しかし、この表現は単面的で、その目的や価値が明確ではありません。

　そこで本書では、**インプット（投入）をアウトプット（成果）に変換する活動**と定義します。図示すると、**図表1-1**のようになります。

図表1-1 業務の定義

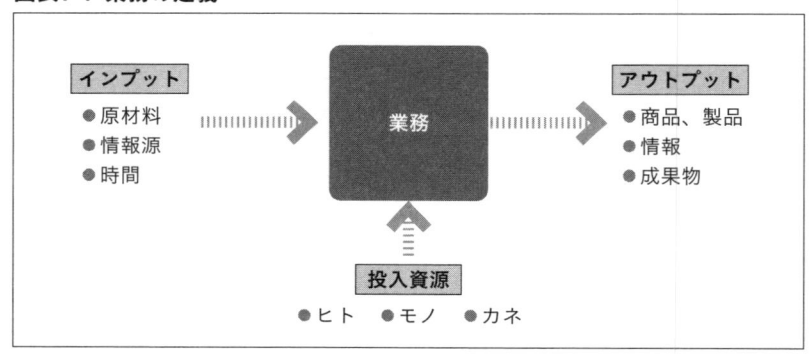

その業務を「改革」するということは、

　　●業務のやり方を工夫し、変えていくことで

●最小限の投入資源ならびにインプットによって最大・最良のアウトプットを実現する

ことを目的とします。そして、結果として、

●保有資源（ヒト・モノ・カネ）に余力・余裕を生み出し
●より付加価値の高い業務により多くの資源を使えるようにしていく

ことを意味するのです。換言すれば、**生産性を向上させること**といってよいでしょう。

「生産性」とは、インプットとアウトプットのバランスであり、投入資源の有効利用度を示すもので、次の計算式で表わされます。

$$ \text{生産性} = \frac{\text{アウトプット（売上高・付加価値高・生産高など）}}{\text{インプット（人員・時間・設備・資本など）}} $$

このように、生産性は、より少ないインプットでより多くのアウトプットを生みたいという要求から生まれてきた概念であり、より少ないインプットからより多くのアウトプットが得られるほど「生産性が高い」といえ、これをより高くしていく取り組みが、「生産性向上策」となります。

（2）税理士事務所は「1人1時間当たり売上高」で

さて、税理士事務所は、他の業界に比べてそれほど大きな設備投資を必要としませんし、日常的な資金需要も多くはありません。「モノ」「カネ」といった経営資源の投入はそれほど必要ではないといえます。

一方、税理士事務所は"労働集約型産業"ですから、主となる投入資源は「ヒト」です。よって、税理士事務所では、

- ●「ヒト」という経営資源を投入し
- ●「労働時間」をインプットして
- ●「付加価値」というアウトプットを実現する

ことがその「業務」であるといえます。

　税理士事務所の場合は、変動費の割合はそれほど大きくありませんから、アウトプットは「売上高」としても問題ないでしょう。

　この業務の定義に基づき、税理士事務所における重要な生産性指標を設定するとすれば、「1人1時間当たり売上高」ということになります。この指標は、「労働生産性」ともいわれます。

$$\text{1人1時間当たり売上高（労働生産性）} = \frac{\text{売上高}}{\text{総労働時間}}$$

　ここでいう「総労働時間」とは、**「事務所で働くすべての人が、事務所業務に携わったすべての時間」**を意味します。お客様担当をもつ方だけでなく、契約・嘱託・派遣・パート・アルバイトといった契約形態の方の労働時間も含みます。また、すべての職員の方の残業や休日出勤における勤務時間を含んだ労働時間です。よって、就業規則上に示される所定労働時間の合計でもありませんし、給与計算上に用いられる労働時間とも異なる場合があります。

　このような要件を満たす総労働時間は、集計されていないかもしれません。実際にこうしたデータをきちんととっている事務所は少ないものです。ただ、事務所の生産性を把握しようとするならば、明らかにする必要があります。

　手元に総労働時間の正確なデータがないとしても、概算でかまいません。前出の計算式に基づいて事務所の労働生産性を算出してみてください。

　直接的なデータはありませんが、総務省や国税庁などから出ている統計などから推計しますと、**一般的な税理士事務所における労働生産性は3,500円前後**であるようです。

　一方で、私どもがおつきあいしている事務所のうち、効率的な運営がなされている事務所は5,000円を超えています。また、このところ税理士試験受験者の採用を強化しているといわれている大企業では、6,000円以上が当たり前といわれています。これらを基準と考えれば、税理士事務所が目指すべき労働生産性は、**最低でも5,000円、できれば6,000円以上**であるといえそうです。まずは事務所の労働生産性を明らかにしていただき、業界内におけるポジションを確かめてみてください。

（３）税理士事務所が目指すべき生産性向上の方向性

　事務所の労働生産性の実態が明らかになれば、あるべき姿を明らかにし、そのゴールに向けた業務改革を行なっていくことになります。そのためには、おおむね**図表1-2**に示した５つの方向性が考えられます。

　もちろん、これらは事務所の方針に基づくものですから、どの方向性が正しいとか間違っているということではありません。また事務所が抱える

図表1-2 生産性向上のための５つの方向性

	方向性	売上高	労働時間
①	売上高を維持しながら、労働時間を短縮する	→	↘
②	労働時間を維持しながら、売上高を増やしていく	↗	→
③	労働時間を増やしながら、それ以上に売上高を増やしていく	↑	↗
④	売上高の減少を最大限食い止めながら、それ以上に労働時間を減らしていく	↘	↓
⑤	労働時間を減らしながら、売上高を増やしていく	↗	↘

15

課題によっても、とるべき方向性は異なることになるでしょう。ですので「いずれも正解」といえます。

　しかし、私どもがおすすめする生産性向上の方向性は、⑤を目指すもの、すなわち、**「総労働時間を最大限に短縮させながら、売上高の最大化を図る」**ことです。換言すれば、**「時短」と「拡大」の両立**ということです。

　「拡大」という言葉がしっくりこないという人もいるかもしれません。たしかに会社も事務所も大きくすることだけが目的ではありません。しかし、どんな組織もよりよくしていかなければなりません。その意味において、ここでいう「拡大」は、**理想の事務所の実現**と読み替えていただくとよいでしょう。

　「売上高はご奉仕高」といいます。売上高とは、**事務所が提供するサービスに対するお客様満足度のバロメーター**といえるものなのです。そして、その提供しているサービスとは、**「わが事務所は、何をもってこの社会に貢献しようとするのか」**という経営方針を顕在化させたものであり、そのサービスによってお客様が満足され、その対価として料金をお支払いいただいた結果が売上高となります。

　ゆえに、売上高が拡大するということは、「社会に貢献したい」と願って提供したサービスにお客様がご満足いただけたことを意味しています。だからこそ、「拡大」を「理想の事務所の実現」と言い換えることができるのです。

　もしみなさんの事務所において、売上高が伸び悩んでいる、ないしは拡大はしているものの、提供しているサービスの内容が理想としているものと異なっているならば、サービスそのものを改革していく必要があります。

　その取り組みこそが、理想の事務所の実現を目指すものであり、これを「時短」を進めながら実現していくことが、本書が目指す業務改革の方向性なのです。

1②　税理士業界を取り巻く環境の捉え方

　税理士事務所を取り巻く環境はとても厳しいとの声をよく聞きます。その理由は、おおむね次の3点に集約されるようです。

①マーケットの縮小
②顧問料の低価格化
③ＡＩの進化等による仕事そのものの減少

　しかし、これらの認識は正しいのでしょうか。それぞれの視点に立って検証してみましょう。

（1）マーケットの変化

　こちらのデータをご覧ください。

図表1-3　資本金別の法人税申告法人数の推移

年度(平成)	申告法人数	100万円以下	前年比	100万円超1,000万円未満	前年比	1,000万円超	前年比
23	2,598,077	187,314	—	2,024,584	—	386,179	—
24	2,600,606	214,569	27,255	2,004,508	△20,076	381,529	△4,650
25	2,609,368	242,748	28,179	1,988,997	△15,511	377,623	△3,906
26	2,628,476	274,610	31,862	1,978,380	△10,617	375,486	△2,137
27	2,653,287	309,582	34,972	1,970,053	△8,327	373,652	△1,834
28	2,683,570	344,465	34,883	1,967,361	△2,692	351,858	△1,204

国税庁「統計情報」より作成（http://www.nta.go.jp/kohyo/tokei/kokuzeicho/tokei.htm）

このデータを見る限り、法人税申告法人数そのものは、ここ数年、増加傾向にあります。であるにもかかわらず、マーケットが縮小している印象があるのは、**申告法人数そのものは増えてはいるものの、資本金100万円以下の法人の増加によるものであり、100万円超の法人数は、年々減少している**点にあるのかもしれません。

　たしかに、いくら法人税申告法人数が増えても、100万円以下の法人では、これまでどおりの顧問料をいただくことができる可能性は低く、やるべきことが同じであれば「労多くして、益少なし」で、「対象にならない」と感じられるのも当然かもしれません。

　しかし、たとえば月額顧問料を50,000円いただいているクライアントの月次業務に毎月10時間要しているとすれば、1時間当たりの報酬単価（以下、「時間単価」）は5,000円です。これに対して、月額顧問料を10,000円しかいただけないクライアントであっても、月次業務に毎月1時間しか要しなければ、時間単価は10,000円となります。生産性としては、後者のほうが優れているといえます。

　要するに、いままでのやり方では「合わない」かもしれませんが、**新たに現われたマーケットに対して、そのマーケットにマッチしたやり方を模索し、確立することができれば、魅力的なマーケットになり得る**ということです。

　さらに税理士業界が他の業界に比べて恵まれていることとして、**毎年、税制改正改正がある**ことが挙げられます。法律に関わる仕事をしている私たちにとって、**法改正はビジネスチャンス**です。それが毎年あるのです。これほど恵まれていることはありません。

　たとえば平成27年には相続税の非課税枠の引き下げが行なわれました。国税庁の「統計情報」によれば、その結果、相続税課税対象となる被相続人の数は、平成26年度には56,239人であったのに対し、平成27年には103,043人と、1年の間に1.83倍にもなっています。国が私たちに仕事をつくってくれたといえます。

　この点においても、先の「資本金100万円以下マーケット」と同様、これまでどおりの申告料を請求することは困難でしょう。しかし、時間単価の観点から適切な業務改革に取り組むことによって、魅力的なマーケットに転じる可能性があります。

　マーケットは常に動いており、そのマーケットに合わせた対応をしていけば、これまでのクライアントは減少したとしても、常に新たなクライアントが生まれてきます。そして事務所の業務のありようを、そのマーケットにマッチしたやり方に改革させ続けていけば、マーケットが尽きることはありません。すなわち「マーケットが縮小した」のではなく「対象となるマーケットが変化している」のであり、その対応が必要不可欠な時代になっているとの認識が必要なのです。

（2）顧問料の変化

　それでは、第二の視点について検証してみましょう。

　下の**図表1-4**をご覧ください。こちらも、国税庁「統計情報」データを加工したものです。

　ここ数年、申告法人に占める利益計上法人の割合は、年々増加してきてはいます。しかしそれでも全体の３分の１にすぎません。大きな節税対策

図表1-4　申告法人数に占める利益計上法人の割合

年度（平成）	申告法人数	利益計上法人数	割合（%）
23	2,598,077	666,942	25.7
24	2,600,606	707,630	27.2
25	2,609,368	754,038	28.9
26	2,628,476	803,746	30.6
27	2,653,287	849,639	32.0
28	2,683,570	889,371	33.1

国税庁「統計情報」より作成（http://www.nta.go.jp/kohyo/tokei/kokuzeicho/tokei.htm）

を必要とするような潤沢な利益を出している先ともなると、10〜15％くらいになるかもしれません。

　かつては、その割合が80％を超えていた時期がありました。その頃の顧問料は、必要以上の税金を払わなくても済むようにするための投資的価値をもっていたように思います。

　しかし利益が出ていない現状においては、その価値を感じているお客様はそれほど多いとはいえないでしょう。そうなれば、試算表や決算書といった諸資料を作成し、申告業務を行なうという事務業務のアウトソーシング的評価しか得られなくなる可能性があります。それではコストと認識されてしまい、削減対象として、顧問料の引き下げを要求されたとしても、致し方ないことかもしれません。

　一方で、税理士法第1条では、「税理士の使命」を次のように定めています。

　（税理士の使命）
　第一条　税理士は、税務に関する専門家として、独立した公正な立場
　　において、申告納税制度の理念にそつて、納税義務者の信頼にこた
　　え、租税に関する法令に規定された納税義務の適正な実現を図るこ
　　とを使命とする。

　要するに、税理士の使命は、「納税義務の適正な実現」であり、それを「納税義務者の信頼にこたえ」て実現しなければならないということです。

　では、事業者たる納税義務者は何を求めているのでしょうか。それはやはり"利益"であるといえるでしょう。一般の方が対象となれば、その求めるところは"資産形成"ということになるのかもしれません。そしてその納税義務者の信頼に応えるとは、その利益獲得や資産形成に向けて、適

切なアドバイスを行なうことでしょう。これこそが、税理士事務所の真の役割といえるのではないでしょうか。

さらに、**人の悩みは尽きることがない**のです。ということは、私たちが**提供できるサービスも尽きることがない**ことを意味しています。

ただし、すべての悩みに答える必要はありません。"餅は餅屋"で、それぞれの事務所が「好きなこと」「できること」「得意なこと」に特化すればよいのです。

そもそも、私たちのメインのお客様である中堅・中小企業の最大の強みは、**大きなマーケットを必要としない**ことです。これは私たち税理士事務所も同様で、職員が5名なら5名、20名なら20名、100名なら100名食べていけるだけのマーケットがあればよいのです。だからこそ「好きなこと」「できること」「得意なこと」に特化することができます。そうでないメニューは、それが「好きなこと」「できること」「得意なこと」である事務所とアライアンスを組んで、任せていけばよいのです。

このような取り組みのなかで納税義務者の信頼にこたえることができたということは、利益や資産をもたらした、ということになります。潤沢な利益や資産をもたらすことができれば、そこに「必要以上の税金は払いたくない」という欲求が生じ、その欲求を適切に満たすことができれば、さらなる"信頼"を獲得することができるようになるでしょう。結果として、納税義務の適切な実現を図ることになるのです。

私たちの役割が尽きることはありません。

（3）業務の変化

第三の視点に関して昨今、「AIが税理士事務所から仕事を奪う」といったことがよくいわれます。たしかにその側面はあるといえるでしょう。

そもそもAIは、自動運転や囲碁などの例をとってもわかるように、「目

的」「最終ゴール」「ルール」が明確である業務が得意です。まさに税理士事務所の業務は、ＡＩが最も得意とする分野の1つといえるのです。

逆に、ＡＩは、「目的」「最終ゴール」「ルール」が明確でない業務は苦手です。たとえばＡＩはＡＩをつくることができません。また人の「感情」に関わる分野は、最も苦手な分野といってよいでしょう。

したがって、先の項でお伝えした、納税義務者の悩みを把握し、その感情を察しながら、こちらの感情を相手に合わせて、その悩みを解決に導いていくような仕事はできません。つまり、**税理士の使命の実現には、人の力は欠くことができない**ということです。

この両面を統合すれば、定型的な業務はＡＩが、人と関わる業務は人が行なうなどＡＩと人が分業し、それぞれの強みを最大限発揮させることができれば、さらなるサービスの提供および向上が可能になることを意味します。

ＡＩの登場は、税理士事務所にとって脅威などではなく、その使命をより高いレベルで実現するための必然的な出来事といえるのかもしれません。

1-③ 生産性向上のための2つの視点

　ここで、労働生産性に話を戻します。すでに述べたように、生産性は、「1人1時間当たり売上高」を算出することによって明らかにできます。

$$\text{1人1時間当たり売上高} \atop (\text{労働生産性}) = \frac{\text{売上高}}{\text{総労働時間}}$$

　そして、事務所の実態を把握したうえで、あるべき姿を明確にし、改革を図っていくことになります。しかし、この計算式のままでは、具体的な対策を立案することができません。「生産性が低い」ないしは「あるべき姿になっていない」場合、その視点として、

　「これだけの売上高しかないのに、なぜこんなに労働時間が長いのか」

　「こんなに働いているのに、なぜこれだけの売上高しかないのか」

の2通りが考えられます。よってその原因が「売上高」と「総労働時間」のいずれにあるのか、またその両方なのかが明確にならないのです。原因がわからなければ、取るべき対策も明確にすることができません。

　そこで、「1人1時間当たり売上高」を次のように分解して考えます。

$$\frac{\text{売上高}}{\text{総労働時間}} = \underset{①稼働率}{\frac{\text{有効時間}}{\text{総労働時間}}} = \underset{②パフォーマンス／時間単価}{\frac{\text{売上高}}{\text{有効時間}}}$$

　ここでいう「有効時間」は、「お客様から報酬をいただいて業務を行なっている時間」と定義します。この有効時間を計算式に加えることにより、

①総労働時間の中で、有効時間の割合がどれくらいあるか

②有効時間で、どれくらい売上高を上げているか

という2つの見方ができるようになります。そして、それぞれ①を「稼働率」、②を「パフォーマンス」ないしは「時間単価」と呼びます。

　パフォーマンスという呼び方は、この計算式が担当者の"能力"を測る物差しになることから名づけられています。たとえば、月に100万円稼ぐ職員が2人いたとします。しかし、売上高は同じでも、その売上高を上げるために要している時間は同じとは限りません。ベテラン職員ならば100時間で済むものが、新人であればその倍はかかるかもしれません。

　そうであるならば、ベテラン職員の1時間当たりの売上高は10,000円、新人職員は5,000円ということになります。この金額の差が端的に能力の差を表わすことから、パフォーマンスと呼ばれるのです。

　一方で、"お客様"ないしは"業務"単位でみた場合は、「時間単価」となります。年間100万円をいただいている先が2件あったとします。売上高は同じでも、その売上高を上げるために要する時間が同じとは限りません。事務所に協力的で、経理もしっかりしている先であれば年間100時間で済むものが、そうでない先ではその倍かかってしまう可能性があります。前者であれば1時間当たりの売上高は10,000円、後者は5,000円です。

　もし、同じ職員が担当しているのであれば、この差は能力の差ではありません。よって、お客様単位でみる場合は、パフォーマンスではなく時間単価と認識することが妥当といえます。業務単位の場合も同様です。そしてこの稼働率とパフォーマンスないしは時間単価は、全く異なる性質をもっており、別々に検討する必要があります。次項以降で、それぞれについて検討していきます。

　なお、本書では業務そのものにスポットライトを当てていますので、②については、パフォーマンスではなく、時間単価の観点から解説します。

1 ④ 稼働率を改善する

　それではまず、「稼働率」について考えていきましょう。**稼働率とは総労働時間の中に占める有効時間の割合**を示すものでした。「総労働時間」の定義は14ページで解説していますので割愛し、本項では「有効時間」について考えてみたいと思います。

　「あなたにとって有効な時間とはどのような時間ですか？」と問われたとき、どのように答えますか。そしてその答えは、職場のみなさんと同じであると言い切れますか。ここに有効時間の定義付けをきちんとしておかなければならない理由があります。

（1）労働時間を区分する

　そもそも、一口に労働時間といっても、その内容は様々です。一般的には、次のように区分されます。

図表1-5　労働時間の区分

A．いま、成果を生んでいる時間	有効時間
B．将来の成果の種となる時間	未来投資時間
C．自分を成長させるための時間	
D．過去の成果を処理する時間	削減対象時間
E．何の成果も生まない時間	

　この定義でいえば、有効時間とは「A．いま、成果を生んでいる時間」となります。もちろん、どんな時間の使い方をしていても働いている時間であることに違いはありません。しかし、そのすべての時間が成果を生んでいるわけではありません。時間は、1人ひとりに平等に与えられた貴重な資源です。どうせ働くのであるならば、できるだけ成果につながる時間

の割合を増やしていきたいものです。そして、そのような職員 1 人ひとりの時間の使い方こそが、結果として事務所全体の生産性向上に貢献するものなのです。

　本書では、「成果を上げている時間」をさらに具体的に、**お客様から報酬をいただいて業務を行なっている時間**と定義付けます。具体的には、

- 月次顧問料をいただいて月次業務をしている時間
- 決算料をいただいて、決算書・申告書などの作成をしている時間
- 相続税申告料をいただいて、相続申告手続きをしている時間

などが該当します。

　一方、有効時間以外の時間は、4 つに区分されています。
　「B. 将来の成果の種となる時間」は、将来の売上高を生むための活動をしている時間を指します。具体的には、

- 新規開拓・追加サービスの提案などの営業業務
- セミナー・執筆・ＳＮＳ投稿などの広報業務
- 新商品・新サービス検討などの開発業務
- 事務所方針として取り組む業務

などが該当します。「事務所方針として取り組む業務」には、生産性向上や地域貢献、福利厚生の充実などの事務所方針を実現するために行なう会議やミーティング、プロジェクト活動などが含まれます。
　「C. 自分を成長させるための時間」とは、職員 1 人ひとりの能力アップのために使われる時間です。
　「B」と「C」の 2 つを合わせて「未来投資時間」といいます。
　この未来投資時間は、**将来の成果の最大化を図る**ための時間であり、生

産性向上のためにとても大切な時間なのですが、税理士業界においては、目先の業務に追われて、必要な時間が十分に使われていないことが多いようです。

　未来投資時間を確保することができていないことは、**事務所の成長と生産性向上を阻害する最大の要因**であるとの認識が必要であり、強い危機感をもって解決すべきテーマであるといえます。

　次に、「D.　過去の成果を処理する時間」とは、組織運営上は必要ながら、売上高に直接的な影響を及ぼさない時間です。税理士事務所においては、お客様の過去の成果を処理していますが、こちらについては売上高に直結していますので、「A」、すなわち有効時間となります。「D」の区分に該当する時間は少々わかりにくいかもしれませんが、現実的には、「他の区分に該当しない時間」と捉えていただくとよいでしょう。

　最後に「E.　何も成果を生まない時間」とは、移動時間や手待ち時間など、「できればゼロにしてしまいたい」、ないしはゼロにすることはできなくても、「極力減らしていきたい」時間を指します。

　表にもあるように「E」の時間は、「D」と合わせて、「削減対象時間」となります。

　稼働率の把握においては、まずこのような視点に立って、事務所で行なわれているすべての業務に対して全員が共通の認識をもてるように"色分け"することから始めてみてください。

　ちなみに、稼働率のあるべき姿として、

①「削減対象時間」を、多くても総労働時間の10％以内に抑え込む
②「未来投資時間」は、事務所全体で総労働時間の20％程度を確保する
③結果として、「有効時間」を総労働時間の70％以上を確保する

といった割合を目安にしていただくとよいでしょう。

（2）業務分類を明確にする

さて、業務の大まかな"色分け"ができたところで、具体的な状況の把握をしていかなければなりません。そのためにはまず、「業務分類」の明確化が欠かせません。たとえば次のように、事務所内の業務内容を明確に分類するのです。

図表1-6 業務分類の例

【基本】

コード	名称	報酬区分	内容	例示	
A001	月次所内	月次	事務所内で行なう月次業務	月次の資料整理、起票、記帳、試算表作成など	
A002	月次訪問	月次	関与先へ訪問して行なう月次業務	月次訪問、訪問相談・事務所内相談（月次レベル）	
B001	決算・確定申告	年次	法人の法人税等、個人の所得税消費税確定申告業務	申告書作成、内容説明など	*1
C001	年末調整・償却資産税	年次	年末調整、法定調書合計表等の作成業務 償却資産税申告書の作成業務	年末調整、支払調書作成、法定調書合計表作成、償却資産税申告書の作成など	*2
D001	その他スポット業務	スポット	スポットで相談を受けた場合の報酬業務	報酬が発生する相談業務、書類作成業務など	*3
J001	その他相談（無報酬）	報酬なし	社長その他経営陣からの相談	社長からコンサル相談（別途報酬はもらわない）	
K001	会議・研修	報酬なし	会議、打合せ業務・所内、外部問わず研修	月初会議、部内打合せ・セミナー、研修（受講時）	
X001	移動	報酬なし	関与先へ訪問する際の移動時間		
Z001	その他	その他	上記に該当しない業務		

【区分案】　※【基本】の*1~3について細分化の案です。

	コード	名称	報酬区分
*1	B001	決算業務	年次
	B002	確定申告業務	年次
*2	C001	年末調整業務	年次
	C002	償却資産税業務	年次
*3	D001	税務調査	スポット
	D002	修正申告業務	スポット
	D003	相続・贈与	スポット
	D004	その他スポット業務	スポット

【追加案】　※【基本】の次によくある業務分類です。

コード	名称	報酬区分	内容	例示
E001	給与計算	月次	給与・賞与計算の業務	計算代行、内容のチェック、印字郵送作業など
F001	年度更新・算定基礎	年次	労働保険の申告、社保算定基礎業務	社会保険算定基礎届の作成、労働保険年度更新手続
G001	その他月次コンサル	月次	上記以外の月次契約業務	MAS監査業務など特殊な月並み業務
G002	その他コンサル（スポット）	スポット	スポットコンサル	再編再生、M&A、DD、バリュエーション、セミナー講師（有料）、執筆業務（有料）など
L001	営業	報酬なし	新規開拓に関わる業務	見込み先への無料の相談、営業セミナー、HPメンテナンス、執筆業務、提携先との面接
M001	総務管理業務	報酬なし	総務経理関連の業務	請求書発行、所内事務作業

　この業務分類の明確化においては、3つのポイントがあります。順に見ていきましょう。

① 業務分類の数は増やしすぎない

　データを収集しようとする際、人は往々にしてデータ項目の数を多くしたくなるものです。「詳細なデータを集めることで、収集結果からダイレクトに課題を明確にすることができる」との認識からだと思われます。しかし、実際はそんなにうまくはいかないものです。

　どれほど細かくデータを収集しても、それだけですべての実態を明らかにし尽くすことはできません。データで解明できない部分は、結局ヒアリングをして謎解きをしていくしかありません。一所懸命データ入力しても、結局ヒアリングに時間を割かなければならないのであれば、せめて入力の手間はできるだけ少なくしたいものです。

　よって業務分類は、「このあたりに問題がありそうだ」とのシグナルが見つけられる程度の数で十分です。例示したように、できれば10〜15分類、多くても20分類くらいには抑えたいところです。

②「有効時間」に関わる業務分類は報酬単位に一致させる

　月次顧問料をいただいて月次業務をする、決算料をいただいて決算業務をするなど、"報酬"の内容と業務分類を一致させることを意味します。

　たとえば、決算業務と月次業務の生産性は、明らかに異なります。なぜならば決算業務には、

- 期限が明確に決められている
- 最終的に、何を終えれば業務が完了したといえるのかが明確である
- その業務内容はどのお客様でもほぼ同じで、標準化しやすい

といった特徴があります。決算業務は、足切り時間が決まっていて、ゴールとルートが明確に定められているマラソンのようなものです。

それに対して、月次業務は、

- ●法的に期限が決められているわけではない
- ●業務の完了の姿が明確でない
- ●その業務内容は、お客様ごとに異なっている

ものです。時間もゴールもルートも決まっていない、自由気ままなお散歩のようなものといっても過言ではないでしょう。到底、同じ土俵で評価することはできません。

　その他の業務についても生産性はまちまちですから、有効時間については、報酬単位で把握することが必要なのです。

③ 事務所方針を盛り込む

　たとえば、「これからは資産税に力を入れる」という方針を打ち出したとします。しかし、資産税業務にどれだけの時間が使われているかが把握できなければ、その方針がどこまで実行に移されているかがわかりません。また、「これからは、この時間を徹底的に削減していく」という方針を掲げたとしても、その業務がどれだけ削減できているかを把握することができなければ、方針の実現度を測ることはできません。業務分類には何らかの形で事務所方針を盛り込みたいところです。

　さて、業務分類を明確にする際、留意しておくべきことがあります。それは、**業務内容に対する認識は人によって異なっている**ものだ、との認識をもつことです。特に「それくらい、言わなくてもわかっているだろう」と思われているような基本的なことほど、実は認識に違いがあることが多いものです。業務内容の認識に違いがあれば、当然、収集されたデータの信憑性は疑われることになります。

　そこで、業務分類を明確にした後に、「この作業はどの分類に入れることが妥当なのだろうか？」と問いかけ、1人ひとりの認識をヒアリングし

てみてください。意外にギャップは多いものです。

　また、日々のデータ登録において、「これって、どの業務分類に入れたらいいんだろう？」といった迷いも出てくると思います。そのとき、曖昧にしたまま「とりあえず適当なところに」登録をするのではなく、事務所としての認識を統一するチャンスと捉え、「これはどの業務分類にすることが事務所の実態に合っているのか？」という投げかけをし合ってください。そのようにして業務分類の精度を高めるとともに、事務所内に正しい業務分類の習慣づけをしていくことが肝要です。

（3）データ収集の方法

　業務分類が明確になれば、生産性を分析するための基礎となる労働時間のデータ収集のスタートです。一般的には、次ページ**図表1-7**のようなシートを用いて１日の時間の使い方を記録し、実態を把握していきます。

　しかし、これを毎日実施していくことはとても大変です。この負担を最大限に減らしながら、事務所全体の時間の使われ方の実態を把握することができるツールが「グループウェア」です。

　たとえば、当社が提供しているサービス「**MyKomon**（マイコモン）」のグループウェアを活用したデータ収集には、おおむね３つのメリットがあります。

- 分析のためにわざわざデータを登録するのではなく、スケジュールや日報など、他の目的で登録したものを、そのまま分析用データとして活用することができる
- そのデータが、業務分類別・お客様別・担当者別などに自動的に集計され、複数の視点から分析することができる
- 原因の追究をスムーズに行なうことができるよう、使われた時間の明細を掘り下げて見ていくことができる

これらの機能があることによって、余分な手間をかけずに生産性分析が

図表1-7 活動データサンプリングシートの例

活動データサンプリングシート　　　　　　　　　氏名：

時刻	月　日（　）	月　日（　）	（　）	月　日（　）	月　日（　）	サンプル

6:00

7:00

8:00

9:00　活動計画の立案　② 0.50h／B社訪問準備　② 0.50h

10:00　移動　⑤ 1.75h

11:00

12:00　A社訪問（情報収集）　② 1.25h

13:00　（昼食休憩）

14:00　移動（S：車内でB社に関する打合せ）　② 1.00h

15:00　B社訪問（商談）　① 2.00h

16:00

17:00　移動　⑤ 1.00h

18:00　メールチェック　③ 0.50h／C社応対　① 0.50h

19:00　報告書作成　④ 1.00h／回覧資料チェック　③ 0.50h

20:00　部下指導（レビュー）　⑥ 1.00h

21:00

22:00

23:00

| | 労働時間
累積時間 | 労働時間
累積時間 | 労
累 | 労働時間
累積時間 | 労働時間
累積時間 | 11.00 |

以下のルールを厳守してください。
①始業時から就業時まで漏れなく、具体的に記載してください。
②15分単位で記載してください。
③何をやっていたか、不明な時間帯は不明と記載してください。
④集計の際は、食事時間、休憩時間は除外してください。
⑤時間の節約をした場合は、Sとして実施した内容を記載してください（サンプル参照）。

できるのです。世の中には様々なグループウェアがあります。ぜひ事務所
に合ったグループウェアの活用を検討してみてください。

　さて、稼働率を分析しようとする場合、

1日当たりの労働時間
「実労働時間」　＝　**その日に行なったすべての業務時間の合計**
「全業務時間」

になっている必要があります。そのイメージを明確にもっていただくため
に、タイムカード上の労働時間と、グループウェア上の集計時間の対比例

図表1-8　タイムカード上の労働時間とグループウェア上の集計時間の対比

タイムカード		グループウェア					
			コード	業務分類	関与先名	タイトル	工数
9:00		9:00	K001	会議	−	朝礼＆部門ミーティング	1.00H
		10:00	A001	月次所内	A社	入力業務	2.00H
		11:00					
12:00	休憩	12:00					
13:00		13:00	X001	移動	−		1.00H
		14:00	A002	月次訪問	B社	月次監査	3.00H
		15:00					
		16:00					
		17:00	X001	移動	−		1.00H
		18:00	B001	決算	C社	決算書作成	1.00H
		19:00	Z001	その他	−	周辺整理	1.00H
20:00		20:00					
合計	10.00H			合計			10.00H

一致！

を見ていただきます。**図表1-8**をご覧ください。

　この表の左側がタイムカードのイメージです。9：00に出勤の打刻をし、12：00から13：00の間に休憩をはさんで、20：00時に退勤の打刻をした、という設定です。結果として、この日の実労働時間は合計10時間ということになります。

　一方で、右側がグループウェアから得られるデータのイメージです。

- ●9：00に出勤し、その後すぐに朝礼、そのあと続けて部門ミーティングに参加
- ●10：00から2時間かけて、A社の月次データ入力業務実施
- ●12：00から13：00までお昼休憩
- ●13：00に移動開始、14：00からB社の月次巡回監査を2時間実施
- ●帰社後、18：00から1時間、C社の決算業務に着手
- ●その後19：00から当日の日報を作成・提出した後、翌日の準備をして20：00に退勤

といった感じでしょうか。そして、それぞれの業務に使われた時間の集計が10時間となっています。

このように、タイムカード上の「実労働時間」と、グループウェア上に登録されたすべての業務に使われた時間の集計時間、すなわち「全業務時間」が一致する状態が、稼働率を分析するために必要な状態といえます。

これを月単位、年単位で集計することにより、報酬をいただいて業務を行なっている時間、すなわち有効時間が実労働時間中に占める割合を算出することができるようになります。以上が具体的な稼働率の算出の仕方であり、そのためのデータ収集の方法ということになります。

（4）稼働率の改善策

事務所の稼働率の実態が明らかになれば、具体的な改善に取り組んでいくことになります。その中でも、最も大切な取り組みは、「やめるべき業務をやめる」ことです。

この「やめるべき業務」を明らかにしていくにあたっては、まずは業務に対する正しい見識をもつ必要があります。それを端的に表わすものとして、アメリカの経営学者、P・F・ドラッカーの言葉を挙げておきます。

すべての業務に対して「まったくやらなければ何が起こるか？」と問いかけてみることである。もし何も起こらないようであれば、直ちに止める。（『経営者の条件』ダイヤモンド社刊より。以下同じ）

このような姿勢がなければ、本当に削減しなければならない業務を炙り出すことはできないのです。さらにドラッカーは、「身につけるべき5つの習慣的能力」として、次のように述べています。

● 自分の時間が何にとらわれているかを知ることである。そして、残された時間を体系的に管理することである。

●外の世界に対する貢献に焦点を合わせることである。

●強みを基盤に考え、行動することである。

●際立った成果を上げる領域に力を集中することである。その優先順位を守るよう、自らに強制することである。

●成果が上がるような意思決定をすることである。

　このように、業務の「やる」「やらない」の判断は、何よりも成果に着目して行なわなければなりません。ドラッカーは加えて、

成果の上がらない者は、努力に焦点を合わせる。成果を上げる者は、貢献に焦点を合わせ、外の目標に目を向け、責任を重視する。

と述べています。よって、業務改革に取り組む際には、貢献に焦点を合わせることを意識し、**成果が上がらない業務は積極的にやめる**という姿勢をもつことが大切だといえます。

　そのような姿勢を習慣付けするための１つの方策として、**図表1-9**のような「重要度・緊急度マトリクス」を活用することも有効です。

　具体的には、各部署・各自の業務を棚卸し、このマトリクスによって分類します。そのうえで「重要度」も「緊急度」も低いのであれば、積極的にやめることを考えていくことになります。

図表1-9 重要度・緊急度マトリクス

緊急度	大			
	中			
	小			
		小	中	大
		重　要　度		

「やめるべき業務」の削減の検討が終われば、残ったすべての業務について、以下の①〜⑥ような着眼点をもって、1つひとつ改善していくことになります。

《改善の着眼点》
①作業・工程そのものをやめてしまうことはできないか？
②作業・工程そのものを簡単にすることはできないか？
③作業・工程を他の人・モノ・方法で代替することはできないか？
④作業・工程の順序を変更することで時間短縮できないか？
⑤複数の作業・工程を一緒にすることで時間短縮できないか？
⑥複数の作業・工程を並行して行なうことで時間短縮できないか？

　ここで、これまで何度も登場した「業務」に加え、「工程」「作業」という用語が出てきました。その違いを以下のとおり定義付けます。

図表1-10 業務・工程・作業の位置付け

用語	定　義
業務	「月次業務」や「決算業務」など、1つの目的・目標を達成するために行なうもの。「有効時間」においては、報酬単位で区分される仕事の分類。
工程	「業務」を完遂するまでの順序・段階・ステップ。同一対象者が同一タイミングで行なう『作業』のまとまり・括り。
作業	「工程」内において手足や知能などを使って行なう単一の動作・操作・行為。

　それぞれの関係を人間に見立ててみますと、その位置づけは次のようになるでしょう。

業務（人間）　＞　工程（部位・臓器）　＞　作業（細胞）

　話を改善の着眼点に戻しましょう。「削減しなければならない業務」の筆頭であり、「何の成果も生まない業務」の代表格である「移動」について、具体的な改善策を挙げるとすれば、次のようなものが考えられます。○付数字は前ページ《改善の着眼点》に紐付いています。

図表1-11　改善の具体的施策（例）

改善の着眼点	具体的施策
①移動そのものをやめてしまう	□テレビ会議システムなどを利用する □お客様にご来社いただく
②移動ルートを短縮する ④訪問の順番を変える	□訪問先の組み合わせを変えて、総移動時間を減らす
③移動を伴う業務担当者を分散する	□訪問目的（報告・面談・資料回収・お届けなど）によって、訪問者を変える
③移動を伴う業務のやり方を変える	□資料回収やお届け物については、宅配便などを利用する
⑤移動中に、他の業務を実施する	□移動時間中に、仕事に役立つ書籍を読む、勉強する（「削減対象時間」を、「未来投資時間」に変換する）

　移動に限らず、すべての業務に対して《改善の着眼点》を利用して検討することによって、

- 発想が行き詰まったときの助けになる
- 硬直した思考をほぐしてくれる
- 固定観念・既成概念にとらわれることがなくなる
- 検討すべき問題点の見落としを防ぐ
- 常識を超えた方法や新しいアイディアの組み合わせを発見できる

などのメリットを得ることもできます。

　ぜひ、これらの視点を参考に、目の前の業務の改善を進めていただきたいと思います。1つひとつの業務の改善が、事務所全体の業務の改革を生むのです。

1 ⑤ 時間単価を改善する

　ここまで稼働率にスポットを当てて考察してきました。有効な対策を見出していただけたら幸いです。

　一方で、当業界においては、「稼働率はそれほど悪くない」という事務所が多いのも事実です。そしてそれは、決して好ましい理由からではありません。**十分な「未来投資時間」が確保できていない**ことが主たる原因となっているケースが多いのです。

　営業・広報・開発業務や採用・教育などといった、いまの業績には直接影響は及ぼさないけれども、将来の業績に多大な影響を与える未来への投資の時間が確保できていないということは、将来の成長が担保されていないということであり、決して好ましい状態とはいえないのです。それどころか、経営環境が目まぐるしく変化していくなかで、存続を許されなくなるおそれさえあるという認識をもっていただきたいと思います。

（1）生産性向上の本丸は時間単価の向上

　では、稼働率が高い税理士事務所業界の「労働生産性」が、なぜ低いのでしょうか。

　その原因は、**お客様ごと、業務ごとの「時間単価」が低い**ことにあります。すなわち「有効時間」の中身に問題があり、報酬をいただいて行なっている業務の時間の使い方が、税理士事務所の労働生産性の低さの主たる原因といえるのです。

　とくに、問題なのは、**お客様ごとに提供しているサービスのばらつきが大きい**ことです。そしてそれはこれまでの歴史のなかで**十社十色の"お客様標準"**を受け入れてきたことに原因があります。

　このこと自体は決して悪いこととはいえません。むしろ、サービス業として、あるべき姿といえるかもしれません。しかし、税理士事務所を取り巻く環境は大きく変わりました。とくに "働き方改革" が声高に叫ばれる現状においては、やはり改革の必要性があるといわざるを得ないでしょう。

　そして、お客様ごとに提供しているサービスのばらつきが、税理士事務所の生産性の向上を阻害している主たる原因とするならば、**お客様ごとにいただいている報酬とそのお客様に投入している時間**に着目する必要があります。その妥当性を測るバロメーターがお客様ごとの時間単価なのです。

　時間単価を把握するためには、これまで解説してきた稼働率とは異なる観点が必要になります。前項で説明したとおり、稼働率を分析しようとする場合、1日当たりの労働時間の中身、すなわちその日に行なったすべての業務時間を把握しなければなりません。それは稼働率が、**人がどんな時間の使い方をしているか**に着目し、**個々人の時間の使い方の妥当性**を検証することに主眼が置かれていることに、その理由があります。

　それに対して時間単価では、すべての業務ではなく、お客様から報酬をいただいて行なう業務が対象となります。よって時間単価は、**どの業務に、どれだけの人と時間が投入されているか**に着目し、**その業務への投入工数の妥当性**を検証することが、その目的となるのです。

　管理という観点からいえば、前者を「時間管理」、後者を「工数管理」といいます。

図表1-12　時間管理と工数管理の違い

	時間管理	工数管理
着目	人がどんな時間の使い方をしているか	どの業務にどれだけの人と時間が投入されているか
視点	個々人の時間の使い方	業務への投入工数
測定	稼働率の妥当性	時間単価の妥当性

　「工数」とは、作業量を時間で表わす概念です。たとえば「この仕事はどれくらいのボリュームの仕事か」と聞かれた際に、「大体3時間くらい

の仕事です」などと答えます。このように作業量を時間で表現されるのが工数です。

　よって、お客様ごとの時間単価を算出する場合は、そのお客様に投入されたすべての時間を集計する必要があります。ちなみに当社が提供している「**MyKomon**」のグループウエアにおける「工数分析」では、次のように表現されます。

図表1-13 お客様別工数分析（例）

　この事例では、山下食堂有限会社（①）というお客様に、3名の職員（②）が、2017年3月から2018年2月までの1年間（③）に、合計157.5時間投入していることがわかります（④）。そして同期間の1年間にいただいている総報酬額（⑤）が475,000円ですから、山下食堂の時間単価は、3,016円（⑥）ということになります。事務所全体の1人1時間当たり売上高は最低でも5,000円以上があるべき姿でしたので、残念ながら、このお客様については、かなり改善の必要があるといえます。

　税理士事務所の生産性向上の本丸は、この時間単価の向上にあります。したがって、このような分析を、すべてのお客様に実施しなければなりません。これを手作業で行なうことがいかに困難なことであるかがご理解いただけると思います。グループウェアの導入は、生産性向上に取り組むためには不可欠なものと認識していただければと思います。

（2）時間単価改善の方向性

　工数分析に取り組むと、お客様ごとの時間単価は、おおむね次のように
表現されることになります。

図表1-14 事務所全体の工数分析（例）

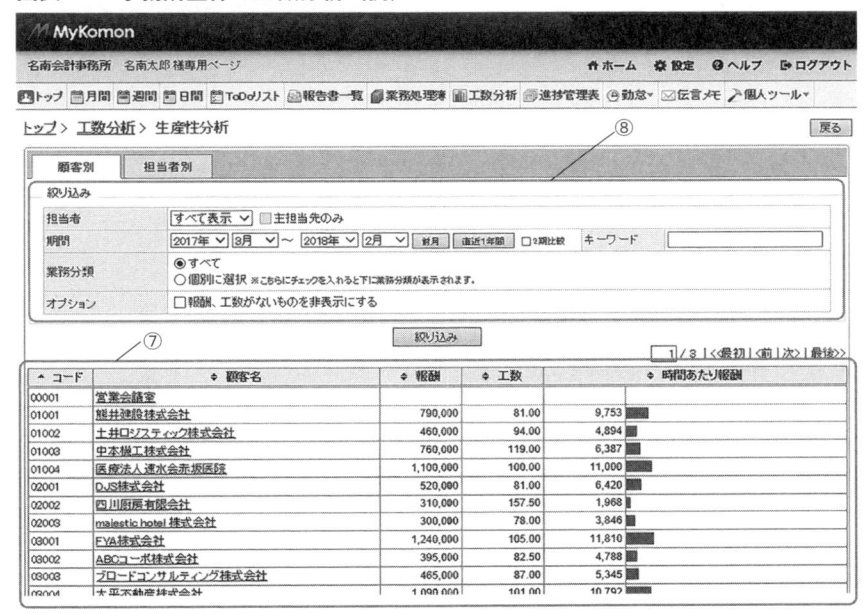

　下段のマトリックス表（⑦）をご覧ください。左から、「コード」「顧客
名」「報酬」「工数」「時間あたり報酬」と並んでいます。ここでいう「時
間あたり報酬」が時間単価です。

　この事例では、中段の「絞り込み」条件（⑧）の「業務分類」が「すべ
て」となっていますが、業務分類別に分析することができるようにしてお
くとよいでしょう。

　お客様ごとの時間単価を算出することができたら、次に具体的な対策を
検討していくことになります。その視点は、おおむね次のようにまとめら
れます。

①「高すぎる」ことが問題ではないかと疑ってみる

　時間単価を考えるうえで、「高すぎる」ことが問題である場合があります。効率だけを考えれば手間をかけずに高い報酬をいただけることは、好ましいことであるといえるでしょう。しかしそれがもし"手抜き"ややるべきことをやっていない結果であるとすれば、大問題です。そのような問題が生じているお客様がいないか、時間単価の高い順に並び替えて、確認してみましょう。

図表1-15　時間単価分析（例）

⇔ コード	⇔ 顧客名	⇔ 報酬	⇔ 工数	⇔ 時間あたり報酬
12005	医療法人 益田会葛西整形外科	1,660,000	22.00	75,455
14003	空町立花クリニック	1,050,000	50.00	21,000
03018	株式会社上海食堂	1,800,000	95.00	18,947
04001	エリヤ株式会社	1,250,000	69.00	18,116
12006	医療法人 展戸会村山眼科クリニック	1,350,000	75.00	18,000
08013	楊本産庭有限会社	300,000	21.00	14,286

　一方で、報酬が高額な先ほど、時間単価が高くなる傾向にあることも事実です。それは、報酬が高額な先であればあるほど、

- 自計化が進んでいて、会計業務に時間を要しない
- 社長や院長が多忙で、お会いできる時間を取っていただけない
- 経理部長や事務長が優秀で、相談を受けることも少ない

などの理由で、結果として時間を使わなくても済んでしまう傾向にあるからです。

　しかし、そのような状況に甘えていますと、「突然の解約」に見舞われてしまうおそれがあります。「効果に見合わないムダな出費」と映ってしまっても仕方がないからです。

　また、そのようなお客様は、どの税理士事務所でもお付き合いしたい先ですから、知らないところでいろいろな提案が行なわれていると認識しておいたほうがよいでしょう。

　もちろん、時間単価は高いに越したことはありません。ただしそれは、適正な工数の投入の結果であることを忘れてはなりません。

②「低すぎる」は改善推移を評価する

「低すぎる」場合は、現担当者の能力や資質、ないしは努力不足による
ものであれば、当然現担当者個人の問題といえます。しかし現実には、現
担当者の責任だけとはいえないことが多いものです。

たとえば、現担当者は前担当者から引き継いだ業務を、それが正しいも
のと信じて続けているだけの場合もあります。また、不合理であるとわか
っていても、事務所や上司、もしくはお客様の意向によって、変えること
ができない場合もあるでしょう。「前の担当の方はやってくれていたのに
……」と言われてしまって従わざるを得ないというのが実態ではないでし
ょうか。一口に時間単価が低い原因が現担当者だけにあるとはいいがたい
ものなのです。

また、当初の「値付け」そのものが妥当でなかった場合や「規模が急激
に大きくなった」「ベテランの経理担当者が辞めてしまった」などのお客
様の状況の変化に対して、顧問料の見直しが適切に行なわれていない場合
もあるでしょう。これも一概に現担当者1人の責任とはいいがたいところ
です。

しかし、理由のいかんを問わず、低すぎる状態を放置するわけにはいき
ません。低すぎるお客様に対しては、「年々よくなっている」ことを目指
す必要があります。したがって、現担当者に対しては、「いま、時間単価
が低いことは、あなただけの責任だとはいいません。しかしこのまま時間
単価が低い状態であり続けるとしたら、それはあなたの責任です」と明確
に伝え、時間単価向上への取り組みを促していきましょう。

③　工夫する者をスターにし、個々の工夫を全体に反映させる

時間単価の向上は、主として職員1人ひとりの取り組みが中心となりま
す。ゆえに個々人が取り組む活動に着目する必要があります。各自が出し
た成果は、他の職員にも応用できるものがあるはずです。それを見逃すこ
とは、事務所にとって大きな機会損失であるといえます。

具体的に成果を上げることができた取り組みを見逃すことなく拾い上げ、

それを事務所全体に展開することによって、業務改革のスピードを大幅に
アップさせることにつながります。**工夫する者をスターにするという視点**
をぜひおもちいただきたいと思います。

④ 改善は個人任せにせず、チームビルディング発想で行なう

時間単価の改善は、職員1人ひとりの取り組みが重要ではあるものの、
個々人の活動だけでは限界があります。1人よりも2人、2人よりもチー
ムで一致団結して取り組んだほうが、数倍の成果をもたらすものです。

特に価格交渉ともなれば、担当者だけでは困難であると思っておいたほ
うがよいでしょう。それ以外でも、トップや上司の介添えが必要なケース
も間違いなくあります。

職員1人ひとりの不断の努力に、チームの力を加えて取り組んでいくこ
とが大切なのです。

（3）時間単価の適正範囲

改善を要するお客様を抽出するためには、**時間単価の"適正範囲"を明
確にする**必要があります。具体的には、その"下限値"と"目標値"を設
定します。

これらの値は、それぞれの事務所によって異なります。「付加価値向上」
を最大のテーマとしている事務所においては、より高くするでしょうし、
「できるだけ安くサービスを提供したい」と考えている場合は、少し低め
に設定することになるでしょう。

そこで本項では、値設定の1つの目安として、これまで説明してきた労
働生産性と稼働率の目標に基づいて、時間単価の適正範囲を考えてみたい
と思います。

$$\frac{売上高}{総労働時間} = \frac{売上高}{総労働時間} = \frac{売上高}{有効時間}$$

$$労働生産性 = 稼働率 \times 時間単価$$

　労働生産性目標は最低でも5,000円は欲しいと先述しました。そして27ページで提示したとおり、稼働率の目標値の目安を70％としましたので、「時間単価」の事務所全体の平均値は、

労働生産性5,000円　÷　稼働率70%　≒　時間単価7,143円

となります。さらに、労働生産性目標を6,000円とした場合は、

労働生産性6,000円　÷　稼働率70%　≒　時間単価8,571円

です。これはあくまでも平均値ですので、適正範囲はこの平均値をベースにしながら、別途設定する必要があります。

　まずは下限値ですが、実際に設定されている事務所では、**5,000円～6,500円**の間で設定されていることが多いようです。平均値目標の70～80％程度と考えれば、妥当なラインといえるかもしれません。
　一方、目標値については、私どもの経験則でお伝えするならば、下限値の倍から平均値の倍の範囲内が適正なのではないかと思われます。平均値の２倍を超えているようでしたら、少々「高すぎるのではないか」と疑ってみる必要があるでしょう。
　いずれにしろ、まずはお客様ごとの時間単価の実態を明らかにし、無理

のないラインで下限値・平均値・目標値を設定してみてください。

（4）時間単価の改善策

　さて、お客様ごとの時間単価を向上させていくためには、分母を構成する有効時間の中身を見直していかなければなりません。有効時間は次のように細分化します。

図表1-16　有効時間細分化の視点

a．主体業務	いただいている報酬に対する本質的業務
b．付随業務	主体業務を行なうために、どうしても実施しなければならない準備業務
c．付帯業務	報酬の範囲を超えて提供している業務

　この区分を行なうためにはまず、「a．主体業務」の内容を明らかにする必要があります。その内容については、第6章で詳述しますが、突き詰めれば**事務所が提供するサービスの本質的価値は何かを表わすもの**といえます。

　また、各種システムやＩＴ技術ならびに周辺サービスがどれほど向上したとしても、最終的には、**人にしかできない（他に代替できない）業務**といってもよいでしょう。「とことん削っても、これだけは人の力に頼らざるを得ない業務」、そして「事務所の本質的価値を提供する業務」とは何かを、徹底して追求していく必要があります。

　次に「b．付随業務」の内容を明らかにしていきます。付随業務とは、主体業務を行なうための準備業務です。主体業務との対比でいえば、「将来的には、人の力を要しなくても済む業務」といえるかもしれません。いずれにしろ、主体業務を行なうために、現状何をしなければならないか、具体的に棚卸しをしていくことになります。

　最後に、付帯業務ですが、ここでは、**本来は、別途報酬を請求させていただかなければならない業務を、意図的かなし崩し的かは別にして、いただいている報酬の範囲内で提供してしまっている業務**と定義付けます。お客様1件1件に提供している業務を棚卸ししていただければご理解いただけると思いますが、その内容は大いに異なっているものです。そしてその内容を比較しながら、

　　□本来、お客様にやっていただかなければならないことを、引き受けてしまってはいないか
　　□お客様固有の業務内容が存在し、他のお客様には要しない工数がかかってしまっていないか
　　□本来は報酬をいただかなければならない業務を、無償で提供してしまってはいないか

といった視点で検証してみてください。これらの問いに対して「ＹＥＳ」と答えざるを得ないものが付帯業務といえます。

　一方で、一部のお客様だけに提供している業務の中に、事務所の本質的価値を提供するものが含まれている可能性も否定できません。もしそのようなものがあるならば、主体業務ないしはその付帯業務に"昇格"させることも検討の余地があります。
　いずれにしろ時間単価を向上させるためには、この3つの視点で有効時間の中身を見直し、付随業務と付帯業務にメスを入れていくことになります。

　さて、これまでの取り組みを整理しますと、次ページの**図表1-17**のようになります。

図表1-17 あるべき姿に近づけるイメージ

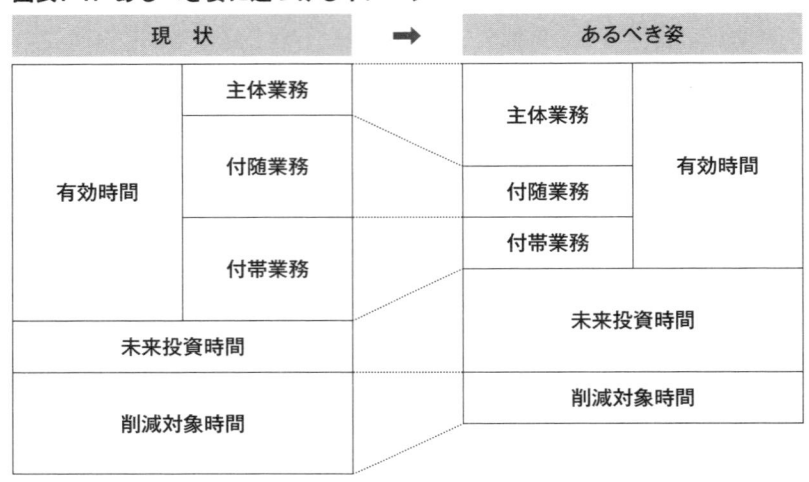

　全体的な稼働率は多少落ちるかもしれませんが、削減対象時間が減少し、未来投資時間に十分投入することができ、かつ有効時間の中身が「事務所の本質的価値を提供する業務」中心に変化することによって、本当の意味での稼働率が向上していくということです。この姿こそが稼働率と時間単価の向上が両立した本質的な生産性向上、すなわち業務改革の理想像といえるのです。

1 6 成果が上がる 順番と体制

　前項までで、税理士事務所における業務改革、すなわち生産性向上の概要を解説しました。その取り組みを始めるにあたっては、まず成果の出やすい体制を構築することが大切です。本項では、「業務標準化の順番」「お客様区分」「担当者」の3つの観点から、好ましい体制づくりのポイントについて解説していきます。

（1）業務標準化の好ましい順序

　38ページ以下で説明したとおり、税理士事務所の生産性が低い原因の1つに「十社十色の"お客様標準"」を受け入れてきたことが挙げられます。だとすれば生産性を向上させていくためには、"お客様標準"から脱却し、"事務所標準"へと改革していかなければなりません。事務所業務の標準化は生産性向上において避けては通れない道といえるのです。

　さて、事務所業務の標準化にあたっては、まず「どの業務から標準化を進めていくか」を判断することになります。

　一般的に「月次業務」から標準化しようとすることが多いようです。しかし、これはとても難しいことです。なぜならば、**月次業務は、インプットもアウトプットもお客様によってまちまち**だからです。月次業務においては、集まってくる資料（インプット）もお客様によって異なり、提供している資料（アウトプット）もまた同じであるとは限りません。よって月次業務は、最も標準化することが難しい業務であるとの認識をもつ必要があります。

　標準化を図っていくにあたっての一番の要諦は、**標準化しやすいことから進めていく**ことです。そこでまず、月次・決算・確定申告・年末調整な

ど様々な業務を行なう税理士事務所における、業務ごとの標準化のしやすさを確認してみましょう。もちろんお客様ごとに異なってはいますが、インプットとアウトプット両面での、「資料の同一性」「資料のボリューム」「資料の処理負担」などの観点から、それぞれの業務の「難易度」を、難しいものから順に「高」「中」「低」で区分しますと、おおむね次のように判定できるのではないでしょうか。

図表1-18 標準化の難易度

インプット	業務	アウトプット
高	月次業務	高
中	決算業務	高
中	確定申告業務	中
低	年末調整業務	低

この観点に従えば、標準化は次の順番で行なうことが最適だといえます。

①年末調整業務
②確定申告業務
③決算業務
④月次業務

繰り返しになりますが、最も標準化したいと思われることが多い月次業務が、実は最も標準化することが難しく、最も"後回し"にすべき業務といえます。

ここでいう"後回し"とは、「標準化に着手する順番を最後にする」ということではありません。月次業務は、その標準化に非常に多くの手間と時間がかかるものですから、できるだけ早く着手しなければならないのは確かです。しかし、その成果を得るのには多大な時間がかかってしまうものです。職員のみなさんが成果を実感することができるようになるまでには、2〜3年はかかるものと思っておいたほうがよいでしょう。

　そこで、**着手は急ぐが、成果の実現スピードには、少し余裕をもつこと
が望ましい**という意味を“後回し”という言葉で表現しているのです。

　標準化に多くの手間や時間を要する以上、急げば急ぐほど負担は増えま
す。そのうえ、なかなか成果が出てこなければ、現場はどんどん疲弊して
いくことになるでしょう。

　さらに、「自分たちには標準化は無理なのではないか」などと自信をな
くしてしまっては、取り組みそのものが頓挫してしまうことになりかねま
せん。「急がば回れ」の格言のごとく、「成果の実現は少し後回しにする」
といった姿勢が必要なのです。

　それでも、「まずは月次業務の標準化を図り、実現することができたら
他の業務の標準化に取り組む」という考えもありますが、やはり成果の出
やすい年末調整業務や確定申告業務（以下、「季節業務」）を先行して標準
化に取り組むことをおすすめします。

　なぜならば、季節業務は比較的標準化しやすく、また成果も実感しやす
いことから、**「成果を上げることができた！」という達成感と、そこから
得られる「自分たちならできる！」という自信が、標準化に向けたさらな
るチャレンジングな行動を生み出す**ことにつながるからです。

　よって、標準化においては、季節業務を優先しつつ、負荷を考慮しなが
ら月次業務の標準化も並行して進めていく、という筋立てが好ましい取り
組み姿勢であるといえます。

　ただ、季節業務の標準化を進めるには、最適な時期というものがあり、
その実行段階を表にすると、次ページ**図表1-19**のようになります。

　季節業務における標準化の最適な“検討”時期は、4月から7月の間で
す。本来、年末調整業務については、もっと早い段階で始めるべきなので
しょうが、比較的多いであろう12月決算の決算業務や確定申告業務に追わ
れ、なかなか着手できないのが現実でしょう。

　そこで、遅くとも4月には確定申告業務を含めた標準化の検討を始める

図表1-19 季節業務標準化のスケジュール

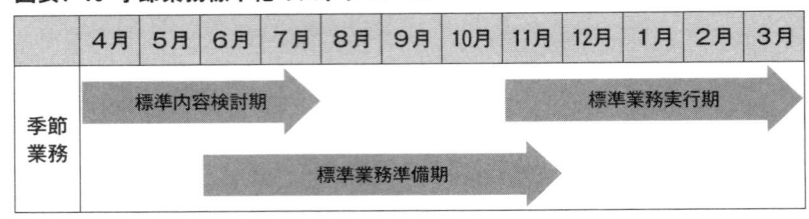

ことが肝要です。「何が問題であったか」「どうすればよかったか」が鮮明な時期にこそ、標準化の検討をすべきなのです。

　さらに、それぞれの業務の"実行"段階に突入する前に"準備"を終わらせておけば、どれほど円滑に業務が遂行できるか、その価値は、想像に難くないと思います。

　いずれにしろ、季節業務における「標準内容検討期」および「標準業務準備期」には、成果の実現を強く意識して季節業務の標準化に重きを置きつつ、負担のバランスを考慮しながら月次業務の標準化も合わせて実施していくという取り組み方が好ましいといえるでしょう。

（2）お客様区分を見直す

　さて、前述のとおり、税理士事務所の生産性を向上させていくためには、**事務所の「業務標準」を明確にし、推進していく**ことが肝要です。そのためにはまず業務の「整理整頓」をしていくことが必要です。すなわち、

- ●必要な業務とそうでない業務を区分し
- ●必要でない業務はやめてしまう
- ●必要な業務は、よりやりやすい方法に改める

ことを検討するのです。そしてその結果が、事務所としての標準業務となり、**お客様標準から事務所標準への転換を図る**こととなります。

　このようなお話をすると、「他の事務所は知りませんが、うちでは標準化するなんて無理です！」と言われることがあります。

　理由は、主として「標準化できないお客様が存在する」ことにあるようです。「言うことを聞いてくれない」「お願いしてもやってくれない」「何か言うとすぐ文句を言われる」など、たしかに「やりにくいお客様」はいらっしゃいます。

　しかし、そのようなお客様の割合は、実はそれほど多いものではありません。ここ数年、何件ものヒアリングをしてきましたが、大体は全体の3〜5％、多くても7〜8％程度で、10％を超えることは滅多にありませんでした。

　みなさんも「このお客様は絶対に無理！」と断言できる先を挙げてみてください。意外に少ないことに気づかれるはずです。多く感じるのは、そのようなお客様の存在があまりにも大きいからであり、それだけ職員の方々が苦労されている先だからだといえるでしょう。

　一方で、数は少ないながらもこのようなお客様が存在することは確かです。しかし、そのために標準化ができないか、といえば、そうではありません。実際に標準化を実現されている事務所はたくさんあります。その秘訣は、どこにあるのでしょうか。

　最大の要諦は、第一に**標準化の対象としないお客様を明確にする**ことにあります。そして第二に、標準化の対象となる先については標準化しやすいところから進めていくことです。

　これは経験則ですが、「標準化のしやすさ」からお客様を区分すると、おおむね次ページ**図表1-20**のような割合になります。そのブレは±5％程度と考えておけばよいでしょう。

図表1-20 標準化しやすさの割合

区分	内　　　容	割合
A	「こんなお客様ばかりだったらいいのに」と感じられるような先で、事務所からのお願い事も受け入れてくださり、早ければ半年、遅くても１年あれば事務所標準を実現できると思える先。	30%
B	Aほどではないけれども、少し手間をかければ、おおむね２年以内には事務所標準を実現できると思える先。	40%
C	標準化できないとはいわないけれども、かなりの手間がかかることを覚悟しなければならない先であり、最低でも３年程度はかかると思える先。	20%
S	標準化することは困難だと思える先	10%

「Ｓ」は、Specialの頭文字の「Ｓ」で、事務所標準の対象としない"特別な存在"であることを意味します。このS先については、いまの状態でも採算が取れているか、すなわち時間単価に問題がないかを検証する必要があります。そして問題があるようであれば、業務そのものを改善することができないのですから、単価交渉をするなり、契約をお断りするなりの対策を打つ必要があるといえるでしょう。もちろん、それを承知で引き受けさせていただくという選択肢もあります。

　ぜひ一度、この基準を参考にお客様の区分をしてみてください。そして明確に区分することができたら、「標準化しやすいお客様から進めていく」ことが肝要ですから、まず「A」に区分されたお客様から標準化に着手していくことになります。

　具体的には、A先のお客様に対して、次のステップで検討していきます。

《標準化検討ステップ》

Step1　それぞれで行なわれている業務のやり方や手順を棚卸しする

Step2　それぞれの共通点と相違点を区分する

Step3　相違点について、どのやり方や手順が事務所として最も効果的・効率的なのかを検討する

Step4 共通点について、もっと効率的なやり方や手順がないかを検討する

Step1を実施すると、あることに気づかれると思います。それは、よくも悪くも**お客様や担当者によって、やり方や手順が全然違っている**ことです。A先でさえ多くの"違い"が存在するのですから、それ以外の先の違いは、かなりのものであるといえるでしょう。この**違いこそが、税理士事務所の生産性向上を阻害する最大の要因**といっても過言ではありません。

さて、Step1が終わったら、Step4まで進めることで事務所にとって最も効率的・効果的な方法を明らかにしていきます。その結果が「事務所標準」になっていきます。

事務所標準を明らかにすることができたら、A先に対して、その標準に合致した業務へと改善を進めていくことになります。

しかし、一度は「これがベストな標準」と思えたものでも、実際に取り組んでみると、なかなか一筋縄ではいかないものです。「やっぱりこっちのやり方のほうがよかった」ということもあります。でも大丈夫です。A先のお客様ですから、快くお付き合いくださることでしょう。

A先であっても一筋縄ではいかないのですから、それ以外の先も含めて一斉に標準化に取り組むことがいかに大変かは、想像に難くないと思います。「標準化しやすいお客様から着手していく」とは、このような理由からなのです。

A先から進めることで確実かつスピーディに成果を上げることは、大きな価値があります。それは職員の方々の心の中に**成果を上げることができた"達成感"と標準化に向けた"自信"が生まれる**ことです。全体の30%のお客様の標準化をできたことから生まれる達成感と「私たちならできる」という自信は、その後のチャレンジングな行動を生み出す源泉となります。そして、その自信に支えられて、B先、C先へと標準化を進めていくこと

ができるようになるのです。

　少なくともB先まで改善が進めば、全体の70%のお客様が事務所標準になっていることになります。それだけでも価値ある成果といえるのではないでしょうか。

図表1-21　業務標準化スケジュール

	1年目	2年目	3年目
A（30%）	半年〜1年 →		A＋B ＝2年で全体の 70%が標準化！
B（40%）		1年半〜2年 →	
C（20%）			〜3年 →
D（10%）	見極め →	顧問料に見合っているようなら特別対応	

（3）担当者を見極める

　次に、「どの"担当者"から標準化を進めていくか」について考えてみましょう。

　ゼネラルエレクトリック社のＣＥＯを務め、1999年には米国経済誌フォーチュンで20世紀最高の経営者にも選ばれたジャック・ウェルチは、「能力の高い人間は必要だ。ただし、理念が共有できている者に限る」と言っています。「どんなに能力が高くても、事務所の方針に沿っていなければならない」ということです。

　たしかにそのとおりなのですが、人は"変わる"ことが苦手なものです。よって、新たな方針が出た際には、一定の抵抗があることは仕方がないことです。逆に、突然現われた方針を無抵抗に受け入れるような組織は、決して健全とはいえません。それは1人ひとりが「ちゃんと考えていない」証拠でもあります。新たな方針に対してきちんと議論をし、試行錯誤しながらあるべき姿を模索していく姿勢こそが大切です。どんなテーマであっても、新しいものを浸透させ、定着させるには、3年はかかるものと思っ

ておいたほうがよいでしょう。

　また、前述のとおり、標準化に関しては、事務所標準に乗らないお客様が存在するのも事実です。よって、仮に標準化という新たな事務所方針に対して、当初抵抗する職員がいたとしても、一概に悪いというわけではなく、事務所標準に乗らないお客様に対応してくれる大切な存在であるともいえるのです。

　マーケティングを考える際の1つの視点として、「イノベーター理論」というものがあります。イノベーター理論とは、**「新しい商品やサービスに対する消費者の反応スピードには5つのタイプがある」**という、スタンフォード大学教授のエベレット・M・ロジャース氏が提唱した理論です。1962年に発表されたもので、いまでもマーケティング理論の1つとして活用されています。

　ロジャース博士によれば、新商品や新サービスへの積極性によって、消費者は次のようなタイプに分類されるといいます。

①イノベーター（Innovators：革新者）

　好奇心が強く、ものの善し悪しよりも、新しいものを積極的に取り入れることを優先する。

②アーリーアダプター（Early Adopters：初期採用者）

　イノベーターほどでもないが、流行に敏感で、かつ自らの判断に従って購入の意思決定をする。他者の意思決定に対する影響力をもち、オピニオンリーダー（特定の集団の意見形成の方向づけをする人）的存在でもある。

③アーリーマジョリティ（Early Majority：前期追随者）

　慎重派ながら、比較的早期に購入の意思決定をする。新しいものを世の中に浸透させる役割を担う。

④レイトマジョリティ（Late Majority：後期追随者）

　本当によいものであるという確信をもたない限り購入しない、懐疑的な存在である。

⑤**ラガード**（Laggards：遅滞者）

　流行に関心がなく、心から「自分に必要だ」と思うものしか購入しない。

　そしてその割合は、下の**図表1-22**のようになります。

　この理論は、事務所として新しい取り組みをしようとするときの、職員の方々の反応にも該当します。

　「①イノベーター」は、常にアンテナを張っていて、事務所の中で誰よりも早く新たな手法や取り組みに関心をもち、提案をしてくれるような人です。彼らは、まさに事務所に改革の"種"をもたらす存在といえるでしょう。

　その種を実らせるのが、「②アーリーアダプター」です。①と併せて16％を占めるこの層（以下、「革新層」）が、Ａ先のお客様を担当しながら、半年から１年くらいかけて事務所標準をつくっていく際の"切り込み隊長"的な役割を担っていくことになります。

　もちろん、「革新的な取り組みをする事務所」「変化を厭わない事務所」などといった組織風土をもつ事務所であれば、もう少し革新層の割合が高

図表1-22 イノベーターの分類

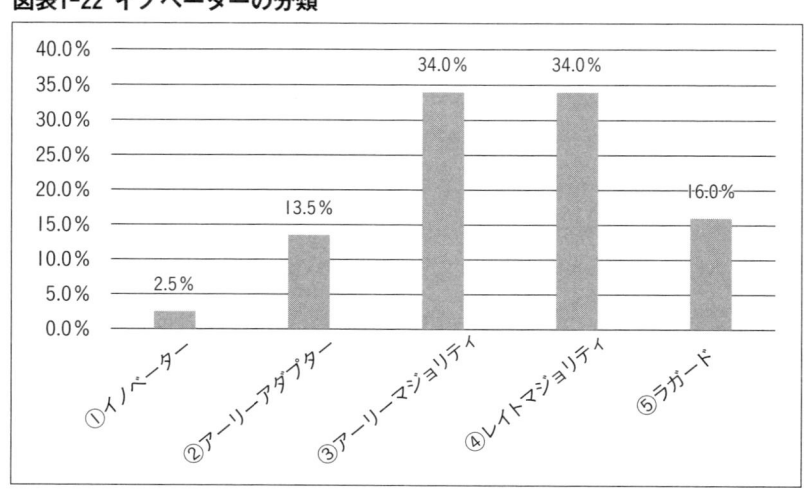

くなってくるでしょう。

　次にＢ先のお客様に対して、Ａ先での取り組みの中から明確になってきた事務所標準を、まずは「③アーリーマジョリティ」を巻き込みながら、１年半から２年くらいをめどに浸透させていくことになります。そして最後は、「④レイトマジョリティ」を加えて、Ｃ先の標準を進めていくのです。

　その間、標準化への取り組み前のＣ先や、標準化の対象外であるＳ先のお客様を守ってくれる人が必要です。それが、能力はあるものの、初期の段階では「標準化なんて意味がない」と口にする人たちなのです。どう考えても標準化できないお客様に、「標準化よりも個別対応に価値を感じる」職員の方々に対応していただく。これこそが、まさに最適な組み合わせといえるのではないでしょうか。

　また「⑤ラガード」的な人であったとしても、事務所標準に対して「絶対に受け容れられない」というわけではありません。「心から自分に必要だと思うもの」であれば、受け容れるのです。その意味において、彼らに認められる活動こそが、本物の活動といえるのです。

　さて、これらの区分は、決して能力や意識の高さの優劣を指すものではありません。あくまでも「志向性」の違いであり、このような"スピード感"の違いは"個性"の違いにすぎません。人材育成にあたっては、**個性の違いを知り、受け容れ、活かし合う**という視点も大切です。

　人は、長所も短所ももった凡人です。しかし組織は、**１人ひとりの長所を集め、活かし合うことができたら、"集合天才"になる**のです。そしてこの集合天才的組織運営をすることが、組織を編成する者の最高の喜びといえるのではないでしょうか。標準化の取り組みを通じて、最適な組織運営の形を模索する、そのような姿勢も大切なのだと思います。

第 **2** 章

業務標準の見直しと効率化

2 ─① 業務標準化の全体像

　第1章でお伝えしたとおり、税理士事務所において「業務改革」を実現するためには業務の標準化が欠かせません。そして、最も効果的・効率的な事務所標準を確立するために行なうのが、36ページで示した《改善の着眼点》に基づいた業務1つひとつの見直しです。その取り組みをまとめると以下のような、業務の「再整理」と「組換え」ということになります。

再整理：要る作業・工程とそうでないものを区分し、要らない作業・工程を捨てる

組換え：要る作業・工程の「人」「方法」「順番」を組み換える

　そして、それは月次業務・決算業務・確定申告業務・年末調整業務など、業務ごとに検討していく必要があります。なお、業務標準化の順序に関しては49ページ以下をご参照ください。

　また、業務の標準化を実施する目的は、**誰が行なっても、同一の"品質"が担保されるとともに、事務所として最も"生産性"が高い状態を実現する**ことにあります。本章ではそのための具体策を提示していきます。

　具体的には、

①**業務手順書**
②**業務進行チェック表**
③**業務進捗管理表**
④**作業マニュアル**
⑤**作業指示書**
⑥**各種チェックリスト**

などを作成していくことになります。それぞれについての概要は、以下のとおりです。

① 業務手順書

「誰が」「何を」「何の目的で」「どのような手順で」行なうかを明確にすることで、「業務の全体像を把握する」ための帳票です。この業務手順書を明確にしていくプロセスのなかで、担当者ごと、またはお客様ごとにバラバラになっている業務の進め方を、事務所として最も効果的・効率的なやり方に集約していくことができます。業務の標準化にあたって、最初に取り組まなければならないものであり、かつ生産性向上のカギを握る、最も重要なものであるといえます。

② 業務進行チェック表

業務手順書で明らかになった、最も効果的・効率的な業務手順が実現できているかを確認するためのものです。工程ごとに「作業実施者」「作業・工程の終わりの姿」「目標工数」などが記載されていて、各実施者が、自身の仕事の"目的"や"目標"、または"やるべきこと""果たすべき責任"を常に意識しながら仕事ができることを狙いとしています。

③ 業務進捗管理表

業務ごとに、お客様別の業務の進捗状況を一覧で把握するための表です。業務進行チェック表が、お客様ごとの業務進行状況を把握するものであるのに対し、業務進捗管理表は、事務所全体の進捗状況を把握することを目的として、業務の遅れやもれがないかを把握していくことになります。

④ 作業マニュアル

業務手順書ならびに業務進行チェック表に記載された工程ごとの作業内容に関するマニュアルです。それぞれの作業・工程に使われる用語や、使用するソフトウェアの操作方法などを、文字情報だけでなく、図表や画像

などの視覚情報を加えてわかりやすく解説したものです。

⑤ 作業指示書

　お客様ごとに異なる作業・工程に対して、その「作業実施者」「工程の終わりの姿」「目標工数」などが記載されているものです。業務進行チェック表と同様に、それぞれの作業者が、ご自身の仕事の"目的"や"目標"、または"やるべきこと""果たすべき責任"を常に意識しながら仕事ができることを狙いとしています。

⑥ 各種チェックリスト

　各工程の"品質"を担保するとともに、より"生産性"の高い作業を実現するためのものです。たとえば、

- ● 資料回収の確実性を高める
  （必要な資料が、必要なときに、あるべき状態で手元に届く）
- ● 入力されたデータの確実性を高める
  （入力者の段階でデータの確認が行なわれ、検算者の負担が少なくなる）
- ● 税務判断の確実性を高める
  （必要な税務判断がもれなく、かつスピーディに行なわれる）

などを目的として作成されるものです。

2-② 「業務手順書」のつくり方

まず、「業務手順書」を作成していきましょう。

（1）業務手順明確化のポイント

前項で述べたとおり、業務手順書とは、**「誰が」「何を」「何の目的で」「どのような手順で」行なうかを明確にする**ものです。

この業務手順書を明確にしていくプロセスのなかで、担当者ごと、またはお客様ごとにバラバラになっている「業務」の進め方を、**事務所として最も効果的・効率的なやり方に集約していく**ことができます。

業務改革を実施するにあたって、最初に取り組まなければならないものであり、かつ生産性向上のカギを握る、最も重要な要素といっても過言ではありません。

作成にあたっては、まず54ページで説明した《標準化検討ステップ》に基づいて、最も効果的・効率的な方法を業務ごとに明らかにしていきます。そのうえで業務手順書を完成させるにあたっては、以下の３つのポイントがあります。

①１つひとつの「作業」の実施者を明確にする
②「工程」の内容を明確にする
③「工程」の終わりの姿とその構成を明確にする

具体的な内容について、70ページ以下の図表2-3に示した事例を用いて、解説していきます。この事例は当社が提供しているシステム「**MyKomon**」

をご利用いただいている事務所の例を加工したものです。その点、ご留意ください。

①　1つひとつの「作業」の実施者を明確にする

業務手順書の作成にあたってはまず、それぞれの「作業」ごとに"実施者"を明確にすることが必要です。

ときに、実施者に指名されたものの、何かの都合で実施することができない場合もあります。その際、実施者は誰かにその作業の実施を依頼することになりますが、仮に、依頼された人が何かの都合で依頼された作業を実施しなかった場合、作業がなされなかった責任の所在はどちらにあると思われますか。

そもそも責任には「結果責任」と「遂行責任」があります。

図表2-1　結果責任と遂行責任の違い

種類	内　容
結果責任	結果・成果を出すことに対する責任
遂行責任	結果を出すために行なう工程・作業をまっとうする責任

この前提に立ったとき、実施者には、実施者として指名され受託した時点で、結果・成果を出す結果責任と、そのための行動をまっとうする遂行責任の両方を果たすことが求められます。何かの都合で遂行責任が果たせない場合に、その部分だけを他者に委ねることになるわけです。しかし、結果責任からは逃れることはできません。よって依頼した人が作業を完遂させることができなかった場合、実施者は依頼者に遂行責任の未遂を責めることはできたとしても、結果責任から逃れることはできません。それが実施者に委ねられる責任というものなのです。しかし、実施者が明確になっていなければ、この結果責任の所在は曖昧なものになってしまいます。

もちろん「みんなで協力し合って実施する」という姿勢は大変素晴らしいものです。しかし、実施者を決めていなかったために、お互いに「誰か

がやるだろう」と放置していたり、「自分は忙しいから」などと互いに押し付け合いになってしまい、結果として「誰もやっていなかった」となってしまっては元も子もありません。実施者を明確に定めることは、責任の所在を明確にするという点において、とても大切なことなのです。

そして、**実施者の責任の下で、みんなで協力し合って実施するという姿が理想**であるといえるのです。

さて、本項で事例として挙げている記帳代行を伴う月次業務では、「業務管理者」「作業者」「訪問担当者」という3名の人物が登場し、それぞれの「作業」の"実施者"としての役割が与えられています（**図表2-2**）。

「業務管理者」「作業者」「訪問担当者」という役割分担の意味と意義については第5章で詳述しますが、ここではそれぞれの役割をおおむね次のように区分しているものとして、70ページの図表2-3を見ていただくとよいでしょう。

図表2-2 月次業務における役割分担（例）

登場人物	役　　割
業務管理者	月次業務について、試算表その他お客様への提供資料の品質・納期・コスト（工数）に責任をもち、お客様ごとの所内業務の遂行を管理する役割を担う人
作業者	業務管理者の指示の下、必要な作業を行なう人
訪問担当者	お客様を訪問し、試算表等の説明・解説を行なう人。ときに、税務に関わる現地確認や事由聴取を業務管理者に替わって行ない、税務品質を担保する

②「工程」の内容を明確にする

どのような「業務」を行なうにしても、その「取り掛かり」から「完了」に至るまでには、多くの作業を要します。しかしその作業は、実施者とその実施タイミングによって一定のまとまりがあります。36ページで解説したとおり、この作業のまとまりを「工程」といいます。

事例を通じて検証してみましょう。まずは70ページ以下の**図表2-3**「月

次業務手順書」の①の段落をご覧ください。①の工程は1〜4までの4つの作業によって構成されています。そしてその実施者はすべて「業務管理者」であることがわかります。

　それでは次に、具体的な作業内容について確認しましょう。まず、

1．業務管理者は、対象関与先に関わる必要記載事項を「月次業務進行チェック表」に記入して完成させ、プリントアウトする。

とあります。「月次業務進行チェック表」は80ページの図表2-5で示しているものです。次項で詳述しますが「処理月」「コード」「関与先名」「決算月」「（利用）システム」「顧問料」「所内（担当者名）」「訪問（担当者名）」「実施日」「実施者」「工数（目標・実績）」などの記載欄があります。

　対象となるお客様の、対象となる月の「月次業務」を開始するにあたり、月次業務チェック表の準備をすることによって、これから始まる業務の全体像を明らかにしようとしています。

　そして、図表2-3では以下のように続きます。

2．顧客管理画面を呼び出し、「会社情報」「電子会議室」「業務報告書」「業務・予定一覧」「ＴｏＤｏリスト」「期限管理」を確認（以下、MyKomonチェック）する。

これは次の「3」のための準備作業といえます。

3．MyKomonチェックで当月の月次処理上の特記事項があれば、「作業指示書＆確認書」の「当月の追加事項」に追記し、プリントアウトする。

　この2つの作業を通じて結果責任を負う実施者である「業務管理者」は、遂行責任の依頼者である「作業者」に対して的確な指示を与えることができる状態をつくろうとしていることがわかります。

つまり、この①の一連の工程は、「業務管理者」が行なう月次業務の準備のための工程であるといえます。月次業務開始にあたり、「月次業務進行チェック表」と85ページ以下で解説する「作業指示書＆確認書」を完成させることによって、確かで間違いのない業務を実現することを目的とした工程なのです。"段取り八分"といいますから、とても大切な工程といえるでしょう。

　一方で、②の工程の実施者も「業務管理者」になっています。しかし、

１．業務管理者は、関与先から電子会議室に書き込みがあった旨のメール通知を受信したら、添付されている「ご提出書類明細書」「特殊事項チェックリスト」（以下※１）と、各種帳票（以下※２）の画像データをプリントアウトする。

とあります。用語については順次解説していきますが、この作業は、お客様から資料が届いた後に行なう業務であることがわかります。すなわち①と②の間には、明らかに時間的な間隔があるわけです。要は行なう"タイミング"が違うのです。よって、この２つの工程は、明確に区分する必要があります。

　このように「同一対象者・同一タイミング」を視点として、まとまった作業を１つの工程として認識することが必要です。この認識をもつことにより、**"実施者"の責任範囲が明確になる**とともに、**工程ごとの「工数」を認識できる**ようになります。結果として、適切な工数分析ができるようにもなるのです。

③「工程」の終わりの姿とその構成を明確にする

　最後のポイントは、「何が終わったらその工程が完了したといえるのかを明確にする」ことです。図表2-3における①の「工程」では、すでに解説ずみの１〜３に加え、

図表2-3 月次業務手順書（記帳代行）の例

(1)

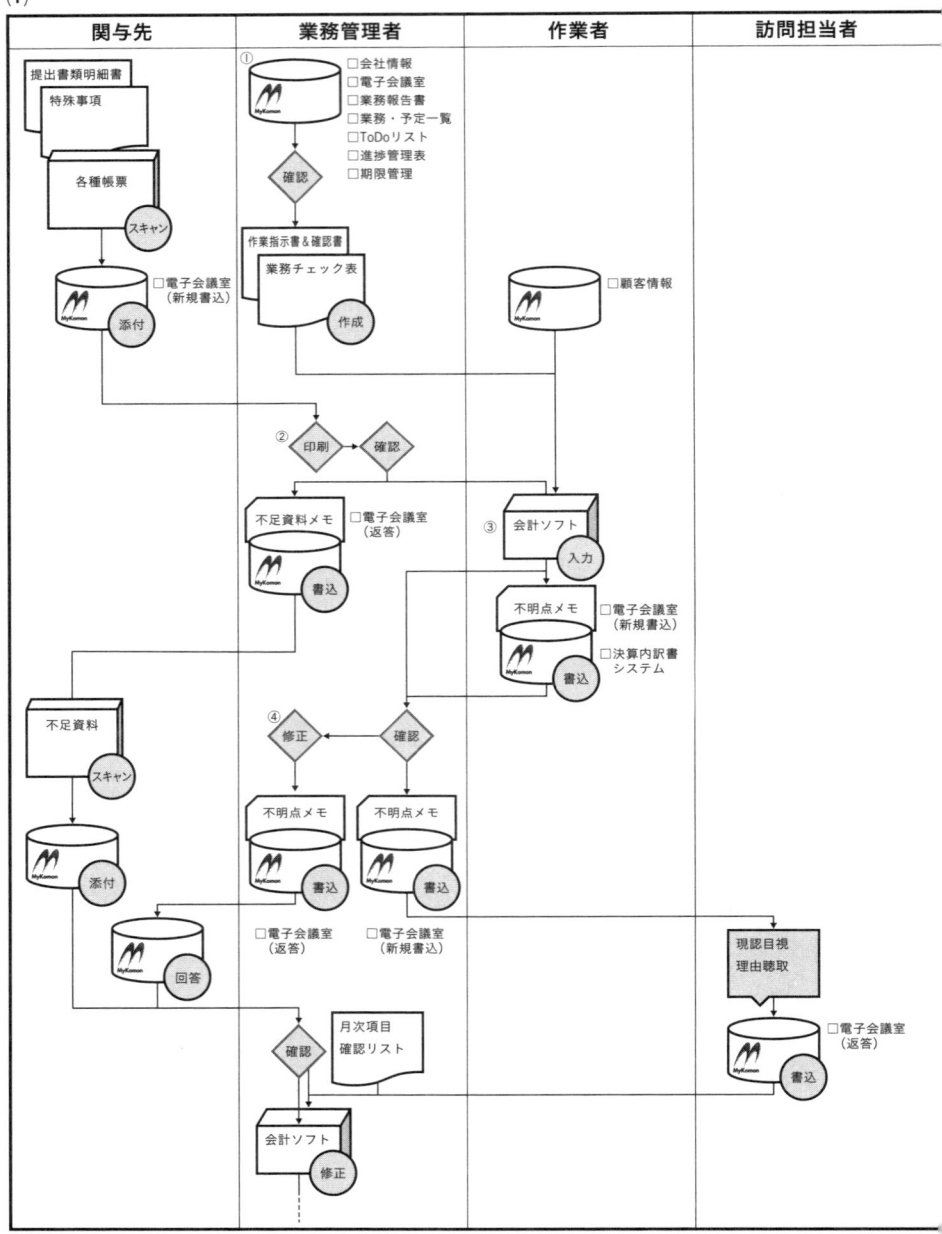

(2)に続く

業務手順書

①-1. 業務管理者は、対象関与先に関わる必要事項を「月次業務進行チェック表」に記入して完成させ、プリントアウトする。
2. 顧客管理画面を呼び出し、「会社情報」「電子会議室」「業務報告書」「業務・予定一覧」「ToDoリスト」「期限管理」を確認（以下、**MyKomon**チェック）する。
3. **MyKomon**チェックで当月の月次処理上の特記事項があれば、「作業指示書＆確認書」の「当月の追加事項」に追記し、プリントアウトする。
4. 作成が完了したら、進捗管理表の対象月の「準備」欄を"完了"にしたうえで、「月次業務進行チェック表」No.1欄を記入・押印する。

②-1. 業務管理者は、関与先から電子会議室に書き込みがあった旨のメール通知を受信したら、添付されている「ご提出書類明細書」「特殊事項チェックリスト」（以下※1）と、各種帳票（以下※2）の画像データをプリントアウトする。
（書き込みの際、「タイトル」は「○年○月月次資料」に統一していただく）
2. ※1に記載されている資料が※2すべて含まれているかをチェックし、過不足の有無を確認する。
3. ※1に記載されているにも関わらず※2にない資料があれば、先の「○年○月月次資料」への「返答」で、タイトル「不足資料ご送付のお願い」のテンプレートを利用して、その不足する資料の内容を書き込む。
4. ※2の中に※1に記載のない資料があり、かつ当月入力に必要な資料であれば、※1に追記する。
5. 「特殊事項チェックリスト」に記載があれば、その内容と処理方法を「作業指示書＆確認書」の「当月の追加事項」に追記する。
6. 業務が完了したら、進捗管理表の対象月の「資料確認」欄を"完了"にしたうえで、「業務チェック表」No.2欄を記入・押印、作業者に渡す。

③-1. 作業者は、進捗管理表から対象関与先を選択し、「会社情報」で注意すべき点を確認した後、「作業指示書＆確認書」および「ご提出書類明細書」を消し込みつつ、該当する画像データに基づき入力する。
2. 決算内訳書システムを利用し、仕訳もれや異常値がないか確認する。
3. 不明点や確認すべき事項があれば、電子会議室に新規書込で、閲覧者を指定せず（所内限り、以下同様）、タイトルを「不明点」として、その内容を書き込む。
4. 業務が完了したら、進捗管理表の対象月の「入力」欄を"完了"にしたうえで、「業務チェック表」No.3欄を記入・押印し、業務管理者に渡す。

④-1. 業務管理者は、電子会議室に書き込まれた不明点を確認し、判定可能な内容については修正を行なう。
2. 潰しきれない不明点があれば、先の「○年○月月次資料」への「返答」で、タイトル「不明点のご確認」のテンプレートを利用して、その内容を書き込む。
3. 不明点に対する返答があった旨のメール通知を受信したら、その内容を確認のうえ、入力・修正を行なう。不足資料があれば、このときに同時に入力する。
4. 「月次項目確認リスト」に基づき入力内容を確認・修正する。
5. 現認目視および理由聴取すべき事項があれば、電子会議室に「訪問担当者への依頼」として、閲覧者を指定せず、その内容を書き込む。
6. 訪問担当者から「訪問担当者への依頼」に対する返信があった旨のメールを受信したら、その内容を確認のうえ、修正すべき事項があれば修正を行なう。
7. 作業者ならびに訪問担当者に伝えるべき特記事項や次月繰越情報があれば、電子会議室に「伝達事項」として、閲覧者を指定せず、その内容を書き込む。
8. 顧客情報に関わる追記・変更事項があれば、顧客管理画面内の「会社情報」「作業指示書＆確認書」を編集・保存する。
9. 業務が完了したら、進捗管理表の対象月の「入力確認」欄を"完了"にしたうえで、「業務チェック表」No.4欄を記入・押印し、作業者に渡す。

(2)

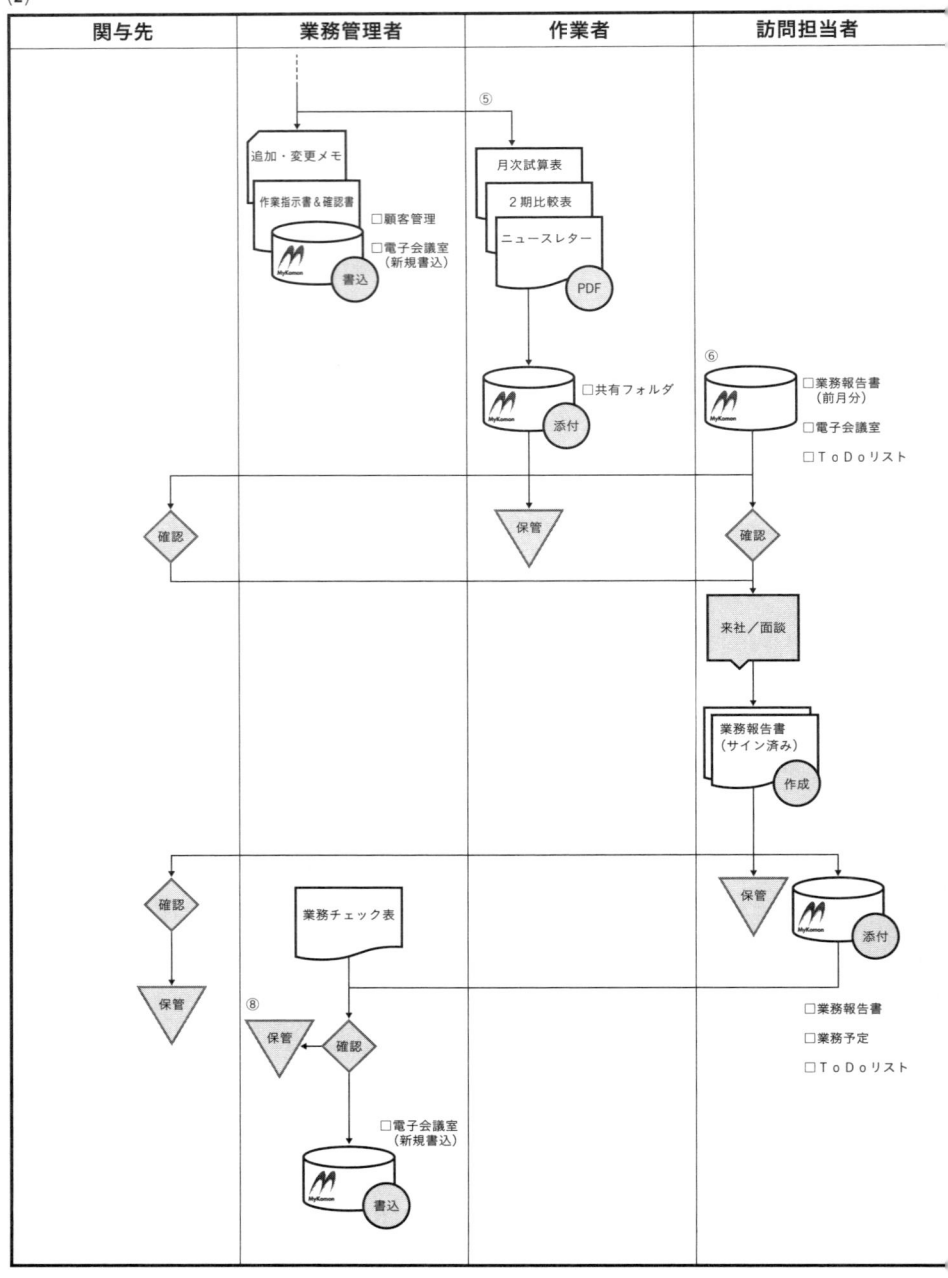

関与先	業務管理者	作業者	訪問担当者

業務手順書

⑤-1. 訪問担当者は、電子会議室にて「訪問担当者への依頼」に記載された内容に基づき、現認目視および理由聴取する。
　2. その結果を、「返信」に記載する。
　3. 訪問時、「特殊事項チェックリスト」に記載すべき内容がヒアリングできたら、その内容も合わせて記載する。

⑥-1. 作業者は、「月次試算表」「2期比較表」「ニュースレター」をPDF化し、共有フォルダのフォルダ名「月次資料」に、タイトルを「○年○月分」として、閲覧者を指定して、添付・保存する。
　2. 回収・作成した関連資料をまとめ、決算ファイルに保存する。
　3. 業務が完了したら、進捗管理表の対象月の「収納」欄を"完了"にしたうえで、「業務チェック表」Na5欄を記入・押印し、訪問者に渡す。

⑦-1. 訪問担当者は、訪問前に「共有フォルダ」に保存された月次資料、ならびに「電子会議室」「業務報告書（前月分）」の内容を確認する。
　2. ToDoリストを確認し、訪問前にやっておくべきことにもれがないかを確認し、もれがあれば速やかに対応する。
　3. 面談が終了した時点で、「業務報告書（2枚複写）」を記載し、サインをいただいたうえで、2枚目をお客様にお渡しする。
　4. 帰社後、「業務報告書（2枚複写）」の1枚目を決算ファイルに保存するとともに、「業務報告書（グループウェア）」を3営業日以内に登録する。
　5. 次回訪問予定のスケジュール登録をするとともに、次回訪問時までに準備・実施すべきことを、予定日を選定してToDo登録する。
　6. 業務が完了したら、進捗管理表の対象月の「訪問」欄を"完了"にしたうえで、「業務チェック表」Na6欄を記入・押印し、業務管理者に渡す。

⑧-1. 業務管理者は、「月次業務チェック表」がすべて記入・押印されていることを確認する。
　2. 「進捗管理表」のすべての業務ステップが完了していることを確認する。
　3. 工数実績を集計するとともに、「生産性分析」上の工数とに大きな差異がないことを確認したうえで、時間単価を算出する。差異がある場合は、その理由を明らかにする。
　4. 改善事項があれば、電子会議室にタイトルを「○年○月改善事項（○件）」とし、閲覧者を指定せず（所内限りで）、その内容を書き込む。
　改善事項には通し番号をつけ、タイトルにその件数を記載する。各項目の改善結果は、順次「返答」にその内容を書き込む。
　5. 業務が完了したら、進捗管理表の対象月の「最終確認」欄を"完了"にしたうえで、「業務チェック表」Na7欄を記載・押印し、決算ファイルに収納する。

**4．作成が完了したら、進捗管理表の対象月の「準備」欄を"完了"にし
たうえで、「業務進行チェック表」No.1欄を記入・押印する。**

とありますから、結果として、

　a．必要記載事項が記入された「月次業務進行チェック表」がプリント
　　アウトされている
　b．「当月の追加事項」が追記された「作業指示書＆確認書」がプリン
　　トアウトされている
　c．「進捗管理表」と「月次業務進行チェック表」の"完了"処理が終
　　わっている

という状態を実現することによって、この工程が完了するということです。
逆にいえば、このa〜cの3つのゴール、すなわち「業務の終わりの姿と
その構成」が実現していなければ、この工程は完了していないということ
です。
　実はこの「何が終わったらその工程が完了したといえるのか」が明確に
なっていない、もしくは人によって認識が異なっていることは多いもので
す。それが生産性を阻害する大きな要因になっているとの認識が必要です。

　以上、業務手順書を作成するにあたっては、ここまで述べた①〜③の3
つのポイントを意識して取り組んでみてください。

（2）作成はミーティングで

　それでは、業務手順書の具体的な作成の仕方をご紹介しましょう。
　作成にあたっては、いきなり理想の状態を描くことは困難です。まずは
現状をきちんと見つめ直すことが必要です。ただし、問題の残る現状をそ
のまま手順書にまとめるということでは、生産性は向上しません。

そこで着目すべきは、**「こんなお客様ばかりだったらいいのに」と思えるお客様の現状**です。すなわち、54ページで解説したＡ先の中でも特に標準化というゴールに近いお客様にスポットライトを当てるのです。具体的には、それぞれが担当するＡ先のお客様の中でも特に生産性が高い先について、それぞれの業務の開始前から完了後までの流れを、

① １つひとつの「作業」の実施者を明確にする
②「工程」の内容を明確にする
③「工程」の終わりの姿とその構成を明確にする

という、先に挙げた３つのポイントを意識しながら整理していきます。各員２〜３件ずつまとめていけば、要領がつかめてくるとともに、「なぜ、このお客様ではこんな作業をしていたんだろう？」「Ａ社のやり方をＢ社にも応用すれば、もっと効率的に仕事ができるのでは？」といった疑問や改善の方向性が見えてくるものです。いずれにしろ、まずは各自で検討していきます。

もし、何もないところから考え始めるのが難しいと感じられるのであれば、まず大枠を固めておいてから検討していく方法もよいでしょう。

たとえば図表2-3でいえば、①〜⑧までの「工程」の概要は、次ページの**図表2-4**のようになります。

このように、まずはそれぞれの業務について、その工程の大枠を先に決めておいてから検討するのです。いずれにしろ、業務手順の検討にあたっては、事務所の実情にマッチした方法を選択していただければと思います。

各自の検討が終わったら、そのすり合わせをしていくことになります。この取り組みはできれば月１回、きちんとミーティングの時間を確保して実施することをおすすめします。やるべき仕事が山積みの税理士事務所においては、このような"未来投資時間"は、ともすると後回しにされがちです。「各自の検討が終わってから」では、「いつまで経っても検討が進ま

図表2-4 業務手順書の要約

No.	工程名	実施者	業務内容
①	準備	業務管理者	月次業務を始めるにあたっての準備業務
②	資料確認	業務管理者	入力資料の確認業務
③	入力	作業者	会計データ入力業務
④	入力確認	業務管理者	入力されたデータの確認業務
⑤	確認訪問	訪問担当者	現認目視・理由聴取を目的とした訪問
⑥	収納	作業者	各種資料のまとめ、収納業務
⑦	定期訪問	訪問担当者	月次経営相談を目的とした訪問
⑧	最終確認	業務管理者	月次業務が完了したことの確認業務

ない」ということになりかねません。

　さらに、ミーティングの参加人数が多過ぎますと、「船頭多くして船山登る」状態になってしまうおそれがあります。経験則ですが、4〜5名程度、多くても6名までが最適かと思われます。もし職員の数がそれを超えるようでしたら、プロジェクトチームを立ち上げるとよいでしょう。業務手順書に限らず、標準化の取り組みについては同様にお考えください。

　さて、参加者全員が納得できる業務手順書ができるには、最低でも3回はミーティングが必要であると考えておいたほうがよいでしょう。それくらい「これまでの常識」を否定することは難しいものなのです。そして、このミーティングの繰り返しのなかで他の人のやり方・進め方を見聞きするにつれ、「人によって、こんなにやり方が違っているのか！」と驚くことも多々出てきます。さらに、自分では最も効果的・効率的だと思っていたやり方・進め方の中に、多くの「ムリ」「ムラ」「ムダ」が存在していたことに愕然とする人もいます。業務改革を進めていくにあたっては、この"気づき"こそが大切です。たしかに、これまで多くの「ムリ」「ムラ」「ムダ」があったこと自体は問題ですが、この気づきによって、より効果的・効率的な仕事の仕方を実現する第一歩を踏み出すことになるのです。

（3）複数の方法を認めず理想を追求する

このようにして、すり合わせをするなかで多くの気づきを得ながら、**事務所として最も効果的・効率的だと思われる内容にブラッシュアップさせていく**ことになります。

このとき１つ気をつけておきたいのは、**複数の方法を認めない**ということです。たとえば資料回収には、電子会議室・宅配便・メール・ファクシミリ・持参・訪問回収など、いくつかの方法が考えられます。しかし、事務所としての理想は１つのはずです。よって、これらの回収方法を並列的に列挙するのではなく、たとえば、次のように具体的な優先順位をつけることによって、「事務所標準」を明確にすることが必要になります。
（※「電子会議室」とは**MyKomon**サービスの１メニューで、インターネットバンキングと同等の暗号化技術によって高いセキュリティを実現した、お客様とのやりとりが可能なクラウド上の会議室です）

- 資料回収方法は、セキュリティ面および作業性の観点から、電子会議室によるものとする
- ただし、電子会議室利用が困難なお客様については、写しをご持参いただくか、宅配便をご利用いただく
- 紛失のリスクや返送の手間を排除するため、原本の預かりは認めない
- セキュリティ面および作業性の観点から、メールやファクシミリの利用は禁止とする
- 資料回収のみの訪問も禁止とする

この事例では、「電子会議室」の利用が原則で、「持参」と「宅配便」だけが例外的に認められることが明らかにされています。
もちろん、実際には訪問しなければ円滑に資料回収ができない先や、写

しを用意することに抵抗を示されるなど、「例外の例外」を認めざるを得ない先もあるでしょう。しかしそのような先はあくまでもＳ先です。Ｓ先でないとしても、「例外中の例外」との認識があれば、「いまはできないかもしれないが、いずれできるようにしていこう」という意識が芽生えます。その意識こそが"智恵"の源泉ともなります。

　さて、毎月のミーティングを通じて、「いまの段階では、これ以上の理想はない！」と思える業務手順書ができあがったら、まずはＡ先に対して実際に運用してみて、「問題がないか？」「もっとよい方法はないか？」といった確認をしていくことになります。「やってみたら、元のやり方のほうがよかった」ということはあります。その点において、お客様には少しご迷惑をおかけしてしまうこともあるかもしれませんが、そこはＡ先のお客様です。きっと笑って許してくれることでしょう。

　それよりも、数年先の、**お客様にとっても、事務所にとっても、職員にとっても"理想"の状態を実現する**ことのほうが大切です。その信念をもって、理想の業務手順書を作成していっていただきたいと思います。

　なお、「季節業務」については52ページの図表1-19を参照いただきながら、できるだけ早いタイミングで見直されることをおすすめします。

2-③ 業務品質を担保する「業務進行チェック表」

「業務手順書」が明確になったら、「業務進行チェック表」を作成していきましょう。

業務進行チェック表は業務手順書によって明らかにされた事務所標準の手順どおりに業務が行なわれているかを把握するためのものです。よってその工程は業務手順書に合致します。76ページの図表2-4の「業務手順書の要約」と次ページの**図表2-5**の「月次業務進行チェック表の例」を比較してみてください。「No.」「工程名」「実施者」が合致していることがわかると思います。

（1）業務進行チェック表の目的

この帳票の目的は、それぞれの「業務」において、

- 各工程の担当者が
- 「工数」と「納期」を強く意識しながら
- 行なうべき作業を確実に行ない
- あるべき姿を確実に実現させる

ことを目指し、業務ごと、お客様ごとの**進行状況を客観的に把握できる状態をつくり出す**ことにあります。

この業務進行チェック表は、1人の担当者がすべての工程を担う場合は不要です。後述する「進捗管理表」の運用で十分カバーできます。

一方、複数担当者が関係する場合は作成をおすすめします。業務進行チェック表は、リレーにおける"バトン"のようなものであり、前工程から

図表2-5 月次業務進行チェック表の例

_____月分　月次業務進行チェック表（記帳代行先）

コード		関与先名				決算		月
システム		顧問料		円	所内	訪問		

No.	工程名	担当	業務内容および管理項目	実施日 予定	実施日 実績	実施者	工数 目標	工数 実績
1	準備	業務管理者	□ＭｙＫｏｍｏｎチェック 　□会社情報　□電子会議室　□業務報告書 　□業務・予定一覧　□ＴｏＤｏリスト　□期限管理 □「月次業務進行チェック表」「作業指示書&確認書」作成					
2	資料確認	業務管理者	□「提出書類明細書」と回収資料との突合 □「特殊事項チェックリスト」と回収資料との突合 ※特殊事項あり 　→□「作業指示書&確認書」追記 ※不足資料あり 　→□電子会議室書き込み（閲覧者指定）					
3	入力	作業者	□「提出書類明細書」消込 □「作業指示書&確認書」チェック ※不明点・要確認事項あり　［仕訳数］ 　→□電子会議室書き込み（所内限り）					
4	入力確認	業務管理者	□不明点確認 ※潰しきれない不明点あり 　→□電子会議室書き込み（閲覧者指定） □不明点修正（不足資料があれば同時に入力） □「月次項目確認リスト」チェック ※現認目視および理由聴取すべき事項あり 　→□電子会議室書き込み(所内限り) 　→□返信後、修正対応 ※特記事項および次月繰越情報あり 　→□電子会議室書き込み（所内限り） ※顧客情報の追記・変更事項あり 　→□顧客管理修正					
5	訪問	訪問担当者	□現認目視および理由聴取内容の電子会議室への返信 ※追加特殊事項あり 　→電子会議室書き込み（所内限り）					
6	収納	作業者	□月次資料ＰＤＦ化&共有フォルダ登録 　□月次試算表　□付随資料　□ニュースレター □資料ファイリング・収納					
7	訪問	訪問担当者	□訪問前事前確認 　□電子会議室　□共有フォルダ　□業務報告書 　□ＴｏＤｏリスト □「業務報告書（2枚複写）」記載&お客様用お渡し □「業務報告書（2枚複写）」担当者用保管 □「業務報告書（GW）」登録（3営業日以内！） □次回訪問予定スケジュール登録 ※次回訪問時までに準備・実施すべきことあり 　→□ＴｏＤｏ登録					
8	最終確認	業務管理者	□「月次業務チェック表」完了確認 □「進捗管理表」完了確認 □工数分析 ※改善事項あり 　→□電子会議室書き込み（所内限り） 　　　時間@　　　工数合計					

後工程に確実に引き渡されたことを証明する「工程品質保証書」のような役割を果たします。この帳票によって、前工程で行なうべき作業が確実に行なわれ、あるべき姿を実現していることが保証されるのです。

　また、この帳票では目標工数と実施予定日を明確にするため、各担当者はそれぞれの目標工数と実施予定日を意識して作業を行なうことができます。その結果、生産性向上に大きく寄与することにもなるのです。

（2）「業務のゴール・終わりの姿」の完了状況を明確にする

　「業務進行チェック表」を作成するにあたっては、まず業務手順書に準拠して**「何が終わったらその工程が終わったといえるのか」**を明確にすることが大切です。図表2-5の4列目「業務内容および管理項目」を71ページ図表2-3の①の工程の内容と比較しながらご覧ください。図表2-3では、

1．「月次業務進行チェック表」を完成させてプリントアウトする。
2．「**MyKomon**チェック」をする。
3．「作業指示書＆確認書」を完成させてプリントアウトする。

の3つの作業を完了させてはじめて、この工程が完了することがわかります。これを業務進行チェック表に反映させたのが、図表2-5「1．準備」工程における、以下の項目になります。

□**MyKomon**チェック
　　　□会社情報　□電子会議室　□業務報告書
　　　□業務・予定一覧　□ＴｏＤｏリスト　□期限管理
□「月次業務進行チェック表」「作業指示書＆確認書」作成

　運用においては、それぞれの作業が終わり次第、□にチェックを入れていきます。そしてすべての作業の□にチェックが入ったら、その工程が完

了したことを意味します。このように作業がいまどこまで進んでいるかを明らかにすることが大切なのです。

　ここで注意していただきたいのは、

> □**月次業務進行チェック表**
> 　　□**作成した**　　□**作成していない**

というようなチェック項目ではいけないということです。この業務進行チェック表は、前工程から後工程に向けた工程品質保証書的な役割を担っています。よって「作成していない」、すなわち自分の責任が果たせていないのに次の工程に回すことなどあり得ません。この場合のチェック項目は、「作成した」しか設けてはいけないのです。これは、業務進行チェック表を運用するうえで最大のポイントと認識してください。

（3）「目標工数」「実施予定日」を明確にする

　さらに、「目標工数」「実施予定日」を明確にすることがポイントです。
　特に目標工数については、それを明確にしただけで、4,000円程度だったお客様の時間単価が、3か月後には7,500円を超えるまでになった事例まであるほどです。それほど工数に対する目標をもつことは重要なのです。
　さて、目標工数は、業務手順は同じであっても、回収資料の数や内容、またはその状態によって異なりますから、お客様ごとに設定することになります。そして、この目標工数を明確にするときには、まず、**「うちの事務所で一番早くできる〇〇さんだったらどれくらいかかるだろう？」**という観点で検討するとよいでしょう。ここで表現される工数は、事務所で最高の状態を表わしますから、**「理想工数」**と呼ぶことにします。

　この理想工数は、実際に担当する人の目標工数ではありません。たしか

に理想を追うことは大切ですが、現状とあまりに乖離していると、目指す気にもなれなくなるものです。また、いつまで経ってもその差が縮まらないようだと、疲弊感が生じたり自信を失ってしまいます。さらには成長しようという意欲まで失ってしまうおそれさえあるのです。

　そこで、おすすめするのが“係数”を設定することです。理想工数を「1」として、たとえば入ったばかりの人であれば「0.1」、3か月目までには「0.25」に、半年で「0.5」、そして1年で「1」を目指す、といった具合に、その人の成長度合いを係数で表現するのです。この係数を**「成長係数」**と呼ぶこととします。そして、次のような計算式で、それぞれの担当者の目標工数を算出します。

$$理想工数 ÷ 成長係数 = 目標工数$$

　結果として、たとえば理想工数が1時間とした場合、**図表2-6**のような目標工数が設定されることになります。

図表2-6　目標工数の設定例

入社歴	成長係数	目標工数
～3か月	0.1	10時間
～6か月	0.25	4 〃
～1年	0.5	2 〃
～1年6か月	1.0	1 〃

　もちろん工程の内容によっては、成長係数が「1」になるのに半年で済むものもあれば、3年以上かかるものもあるでしょう。よって成長係数は、業務進行チェック表の工程内容ごとに明確する必要があります。

　もう1つ大切な視点は「いつやるか」、すなわち「実施予定日」を明確

にすることです。実際には訪問担当者の「訪問予定日」や、複数の担当者が関係する業務の「引渡期限」などを目安に予定を立てます。これが明らかにされていないと、他の業務に追われて遅れ遅れになってしまうおそれがあります。結果として、後工程の人に迷惑をかけてしまうことになりかねません。お互いが気分よく仕事をするためにも、「いつ自分の手元にくるのか」「いつ次工程にお渡しすべきか」を明確にしましょう。

　このように、目標工数や実施予定日を明確にすることは、生産性向上のみならず、職員1人ひとりの成長意欲にも大きな影響を及ぼします。
　アメリカの臨床心理学者フレデリック・ハーズバーグによれば、人に**"やる気" をもたらす要因の第1位は「達成」**です。目標工数や実施予定日を明確にし、それを達成することで得られる満足感は、何よりも職員をやる気にする要因になるといえます。
　また**第2位は「承認」**、すなわち人に認められることです。目標を達成した人と接したとき、「よくやったね」「頑張ったね」という言葉が伴うと思います。目標工数や実施予定日を明確にし、それを達成することで得られる、このような**他者からの称賛・賛美・ねぎらいもまた、職員をやる気にさせる**要因となるのです。
　人はこの達成と承認によって、さらなる成長意欲をもつものです。どの業務においても、常に目標工数と実施予定日を明確にすることをおすすめします。

2 ④ 作業をよりスムーズに 実施するために

　「業務進行チェック表」が完成したら、他者に依頼する工程について「作業指示書&確認書」を作成していきます。

　作業指示書&確認書は、業務進行チェック表の目的とほぼ同様に、それぞれの工程において、

- その工程の実施者が
- 工数を強く意識しながら
- 行なうべき作業を確実に行ない
- あるべき姿を確実に実現させる

ことが目的です。

　具体的な作成の仕方とそのポイントは、以下のとおりです。

（1）項目の並びが作業順序を表わすようにする

　次ページ**図表2-7**の「作業指示書&確認書」をご覧ください。これは記帳代行業務の「入力工程」に関わるものです。

　この事例では、入力すべき資料が「通帳コピー」「現金出納帳」「売掛金・受取手形一覧表」「減価償却費」「買掛金・支払手形一覧表」「クレジットカード」「給与台帳」「借入返済予定表」の順で並んでいます。これはこのお客様の「入力順序」に関わる"標準"を表わしています。

　作業順序を明らかにする目的は、おおむね2つあります。1つは、**作業品質を担保する**ことです。誤った順序で作業を進めることにより、誤った

図表2-7 作業指示書＆確認書の例

作業指示書＆確認書（法人用）

コード		関与先名	名南株式会社				月決算
システム		顧問料	円	所内		訪問	

※不明科目は「1159その他流動資産」で入力する。
※作業が完了したら、作業指示内容ごとの□にチェックを入れる。

入力資料	工数 目標	工数 実績	作業指示内容（標準）	個別事項
□通帳コピー			□入力後、会計ソフトと通帳コピーの当月残高が一致しているかを確認する □前月末時点で間違っている場合は、前月末と当月末の差額金額が、通帳と一致しているかを確認する □差額がある場合は、入力を見直す	□110-1：普通預金　○○銀行 □110-2：普通預金　△△銀行 □110-3：当座預金　□□信金 □110-1：当座預金　○○銀行 □110-2：当座預金　□□信金
□現金出納帳			□入力前に、前月末残高が会計ソフトと一致しているか確認する □入力後、当月末残高が一致しているか確認する	
□売掛金 ・受取手形一覧表			□下記の要領で入力する 　□売掛金 　　□当月売掛金　131：売掛金 / 810：売上 　□受取手形 　　□末日付けで、売掛金から受取手形へ振替　130：受取手形 / 131：売掛金 □入力後、Excelの売掛金一覧表・受取手形一覧表の合計額と会計データとの当月残が一致しているか確認する	
□減価償却費			□単価を入力する	
□買掛帳 ・支払手形一覧表			□下記の要領で入力する 　□買掛金 　　□請求書の締め日を「日付」に入力する 　　□入力後、請求書当月買上高と、会計データの「貸方発生」額が一致しているか確認する 　□支払手形 　　□末日付けで、買掛金から支払手形へ振替　201：買掛金 / 200：支払手形 □入力後、Excelの買掛金一覧表・支払手形一覧表の合計額と会計データの当月残が一致しているかを確認する	
□クレジットカード			□明細書に記載された勘定科目で入力する	
□給与台帳			□下記の要領で入力する 　□所得税・住民税　　　501：従業員給与 / 208：預り金 　□厚生年金・雇用保険　501：従業員給与 / 504：法定福利費 　□健康保険　　　　　　501：従業員給与 / 504：法定福利費 　□非課税交通費　　　　530：旅費交通費 / 501：従業員給与 　□役員報酬　　　　　　500：役員報酬 / 501：従業員給与 □差引支給額が、預金から支払われた金額と一致しているかを確認する □従業員給与累計（OP）と、会計データの「当月残高」が一致しているか確認する 　※賞与は仕訳がもれやすいので注意が必要	
□借入返済予定表			□利息を振り替える 610：支払利息 / 220：長期借入金	

【当月追加事項】

結果を招くことがあります。これを排除することが第一の目的です。

　もう1つは、**工程内の引き継ぎをしやすくする**ことです。これからの時代は、出勤不定期・短時間勤務のパートさんの活用も視野に入れておく必要があります。短時間パートさんですから、1件のお客様のすべての入力作業が完了しないまま帰らざるを得ない場合もあるでしょう。また出勤不定期ですから、いつその続きが入力できるかは不明です。それでは業務が円滑に進まなくなってしまいます。

　しかし、入力順序が明らかになっていれば、作業の引き継ぎはスムーズです。
　「すみません、通帳コピーの入力は終わりましたが、帰らなければならない時間になりました。次の出勤は3日後です」
となっても、
　「わかりました。それでは続きの現金出納帳からは、明日いらっしゃるBさんにお願いします」
などと対応することができます。仮にBさんが急に出勤できなくなったとしても、入力順序が明確であれば、誰でも容易に引き継ぐことができる状態になるのです。

　さて、先ほど「このお客様の入力順序」と記載しましたが、これは「お客様ごとに入力順序が異なっていてよい」という意味ではありません。全く同じ種類の資料入力が必要なお客様であれば、全く同じ順序で行なう必要があります。よって、お客様ごとの「入力順序」を明らかにしようとする場合、お客様ごとに検討するのではなく、

- ●すべてのお客様を想定したうえで考えられる入力資料の棚卸しをし
- ●すべての資料の入力順序を明確にする

ことによって、まず事務所全体の入力順序を明確にし、そのうえで、

●お客様ごとに、入力が不要な資料を外す

ことによって、お客様ごとの入力順序を明らかにしていくことが妥当といえます。他の工程でも同様に考えていただくとよいでしょう。

（2）作業指示内容は、極力“事務所標準”にしていく

次に、1つひとつの作業について、その作業の終わりの姿を明確にします。図表2-7の「通帳コピー」でいえば、

□入力後、会計ソフトと通帳コピーの当月残高が一致しているかを確認する
□前月末時点で間違っている場合は、前月末と当月末の差額金額が、通帳と一致しているかを確認する
□差額がある場合は、入力を見直す

が該当します。上記内容が完了することで、作業が完了したことを意味しています。その内容を記載する「作業指示内容」欄は、業務進行チェック表の「業務内容および管理項目」欄と同様に、作業ごとに、**「何が終わったら、この作業が終わったといえるのか」**を明らかにしているのです。よって、これも業務進行チェック表と同様に、

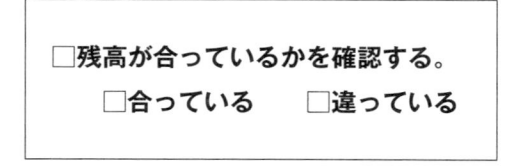

といった項目はNGです。このような場合のチェック項目は、「合っている」しか設けてはいけません。

さて、この作業指示内容も、作業ごとに極力 "事務所標準" にしていくことをおすすめします。ただし、お客様ごとに異なる作業を要する場合は必ずあるものです。そこで、事例のように、入力資料ごとの「作業指示内容」は、事務所標準としてすべてのお客様共通とし、そのお客様固有の作業方法や作業内容がある場合は、その右欄の「個別事項」のように、別途表記をするようにするとよいでしょう。その個別事項は、いずれ標準化すべき対象となる作業ともいえます。

なお、作業指示内容の事務所標準を明らかにするプロセスにおいて、業務手順書の作成時と同様に**「人によってこんなにやり方が違っていたのか！」という驚きを伴う気づき**があると思います。業務改革を実施していくにあたっては、この "気づき" はとても大切です。そのギャップに気づくことによって、標準の必要性を改めて感じることができるからです。ぜひ驚きを噛み締めながら、楽しんで検討してみてください。

また、業務進行チェック表同様、成長係数に基づく「目標工数」を設定することを、忘れないでください。

（3）事前事後に「当月例外事項」を記載する

最後に、"例外" 事項への対応について解説します。毎月同じ作業の繰り返しであったとしても、イレギュラーな対応や現象はあるものです。事前に確認できる例外は作業指示を行なう前に記載をし、作業の実施者に確実に伝えます。また、実施者が作業をするなかで気づく例外もあるでしょう。そのような内容があれば、作業の実施者がその都度記載し、報告もれがないようにします。要するにこの作業指示書＆確認書は、作業指示者と作業実施者をつなぐ交換日記のようなものだと考えていただくとよいでしょう。

この作業指示書＆確認書を活用することによって、それぞれの工程が完

了した段階で、

　　□行なうべき作業がきちんと行なわれているか
　　□作業のゴール・終わりの姿は実現できているか
　　□どれくらいの工数を要したか（目標工数を達成することができたか）
　　□当該作業においてイレギュラーなことが発生していなかったか

といった工程の状況が一目でわかるようになります。
　そして、指示者と実施者双方に、"安心"と"信頼"を生み出すことができるようになるものなのです。ぜひ作業指示書＆確認書を作成・活用してみてください。

2-⑤ 育成のポイントは「教えない」こと

　「作業指示書＆確認書」が完成したら、実際の作業に取りかかっていただくことになります。しかし、たとえば新人は作業指示書＆確認書があるだけでは作業を進めることはできません。指示書に書かれた言葉の意味、作業の目的やその仕組み・ロジックなどがわからないからです。まずは、作業を進めていけるだけの"知識"が必要です。

　また、それらの知識を理解できたとしても、その作業をするために必要なツールやシステムなどの使い方がわからなければ、やはり作業を進めることはできません。すなわち作業指示書＆確認書に基づいた作業を進めていこうとすれば、"知識"と"方法"を習得する必要があるのです。

（1）教えてはいけない2つの理由

　知識と方法を身につけてもらう際に大切なのは、実は「教えない」ことです。教えてはいけない理由は次の2点です。

　第一に、**わかっている人は、わからない人のわからないことがわからない**ので、わからない人がわかるように教えることが難しいからです。そのうえ「わからないことがあったら遠慮なく聞いてね」とはよく耳にする言葉ですが、入ったばかりの新人が、上司や先輩に「わかりません」と口にするのは、とても勇気がいることです。さらに、「わかったよね？」と言われてしまったら、「はい」と答えざるを得ないでしょう。

　一方で、教える側の心情はいかがでしょうか。「わかりましたか？」と尋ねて、「はい」と答えられるのは気分がいいものですが、「いいえ」と言われたときは、落胆や不満、悪く言えば「これくらいわからないの？」などと相手を卑下する気持ちが出てしまうこともあるでしょう。結果、「は

い」と答えたときの教える側の晴れやかな顔、「いいえ」と答えたときの微妙な反応を見てしまったら、よりいっそう「わからないとは言えない」と感じてしまったとしても、責めることはできないと思います。当然、「こんなこともわからないの！」「それはもう教えたでしょ！」は禁句です。教える側と教えられる側の溝は案外深いものです。

　いずれにしろ、人間関係ができている相手であっても、「わからない」ことを意思表示することは難しいものです。出会ってまだ間もなく、信頼関係も十分に構築できていない上司や先輩に対して、「わからない」と言える人は少ないと考えておいたほうがよいでしょう。

　第二の理由は、**「教わる」といった受け身の姿勢では、習得度が高まらない**からです。逆に、**人は興味・関心のあることは覚えが早い**ものです。よって育成にあたっては、「教える」ことよりも、「興味・関心をもってもらう」ことによって「知りたい」という「求知欲求」を醸成することが重要です。

（2）知識面は動画で「求知欲求」の醸成を

　それでは、どのようにしたら適切な求知欲求をもってもらうことができるようになるのでしょうか。ここではまず、知識面にスポットを当てて考えてみましょう。知識の習得については、「動画」の視聴をおすすめします。

　当社が提供しているサービスの中にも「会計担当者養成動画」というものがあります。特に新人向けのメニューには、訪問・来客や電話応対、コミュニケーションの取り方やビジネス文書の書き方などの「マナー」に関する内容や、守秘義務や報告・連絡・相談の必要性、段取りの立て方や2Ｓ（整理・整頓）の仕方といった「仕事の基本」に関わること、そして税務会計業務に関しては『はじめてシリーズ』として、「月次・決算処理（簿記知識を含む)」「法人税」「消費税」「所得税」「年末調整」「給与支払報告

書・法定調書」「償却資産税申告」「確定申告」「贈与税」「給与計算の基礎」などのテーマで、全くの未経験者でもわかるよう、基礎から丁寧に解説しています。これらの内容のうちから、個々人の知識レベルや習得・成長度合いに応じてテーマを選択し、視聴を指示するのです。

　他のサービスを利用する場合においても、視聴における最も重要なポイントは、何度も視聴させたうえで**「わからないことがあったら聞きなさい」**という姿勢です。わかっている人は、わからない人のわからないことがわからないと同時に、**わからない人はどこまでわかったらわかったといえるのかがわからない**ものです。よって視聴によってすべてを理解させることは難しいと考えておいたほうがよいでしょう。

　また、人は、ゴールが見えないことほど不安なことはありません。逆にゴールが明確になると頑張れるという習性もあります。そこで、たとえば20分の動画を視聴するのに1時間ほど与えて「何度観てもわからないことをリストアップして」と指示します。自分がわからないところをリストアップすればよいのですからゴールは明確です。そして、教えてはいけない理由の2つ目にも提示したとおり、人は「教わる」といった受け身の姿勢では習得度が高まらない一方で、興味・関心のあること、心から「知りたい」と思うことは覚えが早いものです。興味・関心をもってもらうためには、「覚える」ことをゴールにするよりも、「わからないところを明らかにする」ことをゴールにすることです。

　人間の脳には、「差を埋める」習性があります。すなわち人は、**「わからない」ことがはっきりすると、自然と「わかろう」とする行動を起こす**ものなのです。

　したがって、動画の視聴の目的は、わからないことを明らかにし、「知りたい」「わかりたい」という欲求を喚起することと認識していただければと思います。

　ただし、何でもかんでも聞けばいいという姿勢ではダメで、まずはでき

る限り自分自身で理解しようとする、自分がわからないことがあったら何度も視聴し直し、それでもわからなかったら質問する、という姿勢が大切です。その点をきちんと伝えたうえで視聴させてください。

　さらに、人間は忘れる生き物です。『忘却曲線』というものをご存じでしょうか。心理学者のヘルマン・エビングハウスが、ある事象を記憶した後、どれくらいの時間をおいたら、どれくらい記憶し続けることができるかについて研究した結果データです。**図表2-8**を参照ください。

　人間の記憶は、とてもはかないものですね。ただしこのデータは、一連の無意味なつづりの記憶に基づくものですから、体系立った知識であれば、もう少し記憶残量は多いとは思います。しかし、それでも時間の経過によって記憶が失われていることは避けられない事実といえます。したがって、知識の習得においては、反復学習できる状態をつくることが大切であるといえます。その点においても動画のメリットは大きいといえます。

　さて、動画を利用した指導は、指導する側にもメリットがあります。教

図表2-8　エビングハウスの忘却曲線

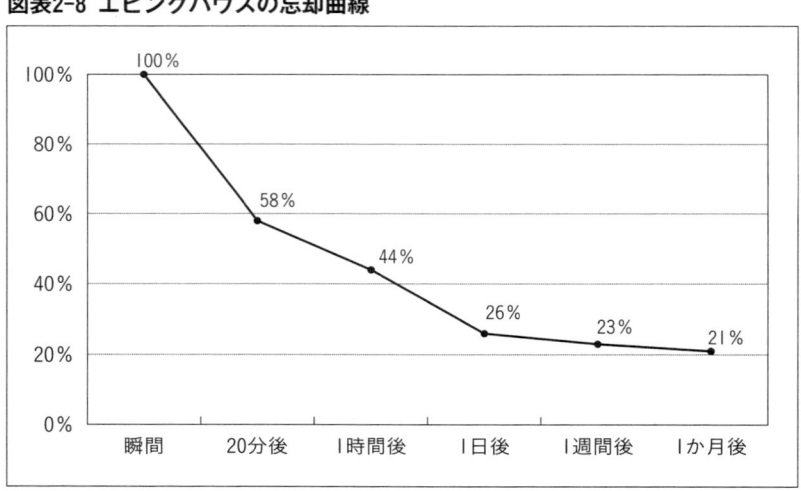

える時間の負担を削減できると同時に、教えたことを何度も聞かれるストレスから解放されます。そして何より、指導対象者が理解できていないことが何かを把握できるようになることによって、その成長の楽しみと喜びを感じるようになることです。

いずれにしろ、知識の習得においては、**質問は成長度を測るバロメーター**との認識をもち、新人の成長を喜び、楽しみながら育成に励んでいただければと思います。

（3）マニュアルが使われなくなる３つの理由

続いて作業面、特にツールやシステムの使い方の習得の仕方について解説します。その主役はマニュアルです。

ツールやシステムの使い方に関するマニュアルは、一度は手にするものの、徐々に使われなくなることが多いのではないでしょうか。特に経験の浅い人は、「読むよりも、聞いたほうが早い」という感覚であることが多いようです。本来マニュアルは、そのような人を対象としているはずなのですが、実際には期待どおりにはなっていないということです。

一方で、「聞かれる」立場の人にとってマニュアルが十二分に活用されないことは、あまり好ましい状態とはいえません。本来は、動画同様「このマニュアルを読んで進めてね。わからないことがあったら聞いて」で済むことが理想です。

「読んでもわからないから」と、マニュアルに目を通すことなく何でも質問されるようでは、付加価値を生む「有効時間」に支障を来し、円滑な業務進行を妨げられるとともに、ご自身の労働時間にも負荷をかける結果になってしまいます。

では、なぜマニュアルは使われなくなってしまうのでしょうか。その理由にはいくつかありますが、代表的な３点について以下記します。

① 1つのゴールに対して、複数の方法が提示されている

　たとえば会計ソフトへの入力方法はいくつもあります。よってマニュアルには、最終ゴールは同じであっても、複数の方法が掲載されることになります。

　しかし、事務所にとって最も効果的・効率的な方法は1つです。本来は、その唯一の方法さえ明らかになっていれば済む話です。複数の方法が提示されていることそれ自体が、生産性を阻害しているといっても過言ではありません。一方で、もし複数の方法が実施されているとしたら、それは、**業務手順ないしは作業指示の内容が統一されていないことが問題**であるとの認識が必要です。

② 専門用語を理解していることが前提となっている

　マニュアルの中には、専門用語を理解していないと読み進めることができないようなものがあります。もちろん、専門用語が習得できていないこと自体重要な課題ですが、それは知識面の課題であって、作業を進めるうえでは、そのようなマニュアルは円滑な作業進行を妨げる阻害要因といってもよいでしょう。マニュアルにおいては、専門用語を知らなくても作業を進めることができる状態が理想です。

　逆に「何も考えなくても作業ができる」状態にすることによって、「私は何をしているんだろう」という疑問が生じるものです。また、作業そのものは専門用語を理解していなくても進めることができたとしても、ソフト上に出てくる専門用語に対して、「これはどういう意味なんだろう」という疑問も生じてきます。その結果、先述の動画同様に、**「知りたい」「わかりたい」という「求知欲求」**が醸成され、知識面の課題を解決していくことにもつながっていくものなのです。

③ 文字情報によって構成されている

　文字情報中心のマニュアルは多いものです。少なくとも、「もっと画像で説明してくれたらわかりやすいのに」と感じることはよくあります。た

とえば、「このボタンを押す」→「この画面が出る」→「次にこのボタンを押す」という説明に対して、それぞれの作業画面をコピーされたものが掲載されていれば、作業効率は高まることでしょう。

　人の脳は、文字は左脳で、画像は右脳で認識するものなのだそうです。文字情報で画像情報を理解するには左脳から右脳への変換を要するということです。一方で、マニュアルは文字情報が絶対というわけではありません。画像情報だけでも十分にマニュアルの機能は果たせるものです。頭の中で文字を画像に変換しないと仕事ができない状態では、効率のよい仕事はできないとの認識が必要なのです。

（4）成果が上がるマニュアル作成のポイント

　これらの理由を排除し、効果的・効率的な作業を実現するためのマニュアルづくりのポイントは、以下のとおりです。

① 事務所として最も効果的・効率的な方法を抜粋する

　前述のとおり、事務所として最も効果的・効率的な作業方法は1つです。マニュアルは、その唯一の方法を掲載されていればよいはずです。

　もちろん、お客様によっては例外事項もあるでしょう。しかしその例外は、お客様に紐付けたほうがわかりやすいものです。よって、**例外事項は作業指示書＆確認書への記載**が妥当といえます。

② 素人でも作業できる状態を目指す

　そのとおりに進めれば、意味がわからなくても作業が完了できるものにすることが肝要です。専門用語や作業の意味を理解することは大切ですが、それがわからなければ作業ができないという状態は避けたいものです。また、できるだけ画像を多用することをおすすめします。「掲載された画像のとおりに進めていったら、いつの間にか終わっていた」というのが理想です。

そして、作業を進めるなかで、用語や作業の意味に疑問を感じたときに、それを知ることができる動画や「ここを読んだらわかる」解説が用意されているとよいでしょう。

③ マニュアルは、新人につくらせる

　繰り返しになりますが、「わかっている人は、わからない人のわからないことがわからない」ものです。よってマニュアルは、わからない人が作成することが最適です。

　初めてマニュアルを作成する作業内容であれば、ベースとなる既存のマニュアルに基づいて指導していきます。そして指導された人は、その指導された作業内容を事務所オリジナルのマニュアルとしてまとめていきます。その過程で、自分が理解できていないことがどこかが明らかになります。それを随時質問させながら、マニュアルに追記させていき、その精度を上げていくのです。初版ができあがった時点で、それを作成した人は、すでにそのマニュアルを必要としていない状態になっているでしょう。

　それ以降に入ってきた職員には、そのマニュアルに基づいて作業をしてもらい、不明な点が見つかれば、その都度質問してもらい、マニュアルを追記・修正していきます。追記・修正されればされるほど、その精度はさらに高まっていきます。最終的には知識面での質問はあっても作業面では全く質問なしで作業が進められていく状態を実現することができるのです。まさに進化型マニュアルといってよいでしょう。このようにして完成されたマニュアルは、決して机の引き出しや書棚の肥やしにはならないものになっているものなのです。

（5）リーダー育成はメンタルケアとモチベーションアップで

　最後に、「育成のポイントは教えないこと」とお伝えしてきましたが、次世代のリーダーの育成のために、「教える」機会を設けることが必要な場合もあるでしょう。その「教える」時間は、次世代リーダーにとっては

「能力向上」の時間であり、「未来投資時間」といえます。計画的かつ十分に時間を取る必要があります。

　人材育成制度の一環として、同じ部署の先輩が新入社員の兄・姉のように仕事の進め方や姿勢などを指導したり、悩みや不安の相談に乗ったりする「ブラザー・シスター制度」や、「メンター制度」というものがあります。本来これらの制度は、新入社員の育成やメンタル面のサポートをすることが主目的ですが、実際には、教える側・助言する側がリーダーとしての疑似体験ができることにも大きな価値があります。まさに次世代リーダー育成に最適な方法といえるのです。

　しかしながら、知識や作業の仕方を教えるだけでは、リーダーとしての訓練にはなりません。すでに習得済みのものを一方的にアウトプットするだけでは、リーダーとしての十分なトレーニングとはなり得ないのです。知識や作業の仕方は動画やマニュアルに任せ、「わからない」ことへの対応や、メンタルケアとモチベーションアップに注力してこそ、その価値があります。その点においても、養成動画や各種マニュアルは絶対必要条件といっても過言ではないでしょう。

　いずれにしろ、「養成動画」「作業マニュアル」「作業指示書＆確認書」は、新人育成の“三種の神器”といえるでしょう。

2-6 全体的な進捗を管理する

　さて、これまで検討してきた「業務進行チェック表」や「作業指示書＆確認書」は、個々のお客様に対応するものであり、それぞれの工程を担当する人の手を渡り歩くことになります。よってこれらの帳票では、事務所全体の業務の進捗状況を把握することはできません。

- 事務所全体の業務が予定どおり進んでいるか
- 遅れが生じているお客様や担当者はいないか
- 担当者間の業務のバランスが取れているか

などを俯瞰的につかむことは、残念ながらできないのです。そこで必要となってくるのが、全体的な業務の状況を把握する「進捗管理表」です。進捗管理表は、月次業務、決算業務、確定申告業務、年末調整業務といった"業務"ごとに作成します。そして、有効な進捗管理を実現するためには、以下の要件を有するものにする必要があります。

- □それぞれの業務の管理者を明確にする
- □「誰が」「どのお客様の」「どの工程を」担当するのかを明確にする
- □各工程の期限を設定する
- □重要確認事項や留意点、または例外事項などを確認・共有できるようにする
- □「いつ」「誰が」「どのお客様の」「どの工程を」完了させたか、ないしは「どのお客様の」「どの工程が」未了なのかを明らかにできるようにする
- □遅れや円滑な業務を阻害する要因が生じた場合に、即座に対応でき

る状況ならびに体制をつくり出す

　当社システムの進捗管理表を使った「決算業務」の例を次ページ**図表2-9**に示しますので、参考にしてみてください。

　このような目的を果たす進捗管理表をつくるためのポイントは、以下のとおりです。

① 業務ごとに作成する

　前述のとおり、「月次業務」「決算業務」「確定申告業務」「年末調整業務」といった業務単位で作成します。「月次業務」については「〇月分～〇月分」といった期間の設定を、「決算業務」については決算月ごとに、「季節業務」は年度単位で作成するとよいでしょう。

② 進捗管理表ごとの管理者を設定する

　進捗管理表の活用にあたっては本来、作業が完了したら誰もが何もいわれなくても「完了」させたことを明示するとともに、自ら業務全体の進捗状況を常に確認し、もし遅れなどが生じた際には自発的かつスピーディに対処する意識をもっていることが理想です。すなわち**管理者がいなくても円滑に業務が遂行・管理できている状態が理想**なのです。

　しかし現実はなかなかそうはなりません。少なくとも理想の状態が習慣化するまでは、「進捗管理表」の活用状況を管理する人が必要です。ここでいう管理者の役割は、理想の状態を実現するまでの"必要悪"と考えていただくとよいでしょう。

③ 進捗管理項目を明確にする

　進捗管理表における管理項目は、基本的には業務進行チェック表の「工程名」が該当します。しかし実際には、工程内に示されている「完成物」を項目に加えることがあります。それは、「完成させるべきものをきちん

コード	顧客名	主担当者	消費税申告区分	役員登記年	備考	12月締の試算表完成 1/31	決算事前検討書 2/28	決算
01001	熊井建設株式会社	名南太郎	本則	偶数年		1/20 伊藤二郎	2/10 伊藤二郎	
01002	土井ロジスティック株式会社	名南太郎	本則	奇数年		1/26 吉田四郎	2/24 吉田四郎	
02001	DJS株式会社	山田太郎	簡易	偶数年		1/20 田中晋子	2/20 田中晋子	田
03004	太平不動産株式会社	名南太郎	簡易	奇数年		1/17 山田太郎	2/17 山田太郎	山
03006	木上建設株式会社	山田太郎	本則	奇数年		1/27 山田太郎	2/27 山田太郎	
03008	荒川運輸株式会社	名南太郎	免税	偶数年		1/20 吉田四郎	2/16 吉田四郎	吉
03010	有限会社浅草ホテル	名南太郎	本則	偶数年		1/18 田中晋子	2/20 田中晋子	

決算業務（3月決算法人）（管理者：名南太郎）　□集計情報　ダウンロード　一覧へ

所属：すべて表示　職員：すべて表示（□主担当先のみ）　決算月：すべて　顧客：

1 /1 |＜＜最初|＜前|次|最後＞＞　◉吹き出し　○ワンクリック操作（状態：◉完了　○未了　○対象外

と完成させることができているか」を確認するためです。よって進捗管理
表における「項目」数は、業務進行チェック表における「工程名」の数よ
りも増える傾向にあります。いずれにしろ、「完了」したことを把握した
い項目を明確にすることが必要です。

④　必要のない進捗管理項目を「対象外」にする

　すべての進捗管理項目が、すべてのお客様に必要とは限りません。不要
な項目が明らかになっていないと、「必要ない」ものなのか、「完了してい
ない」のかがわからなくなります。不要なものは「対象外」であることが
わかるようにしておきましょう。

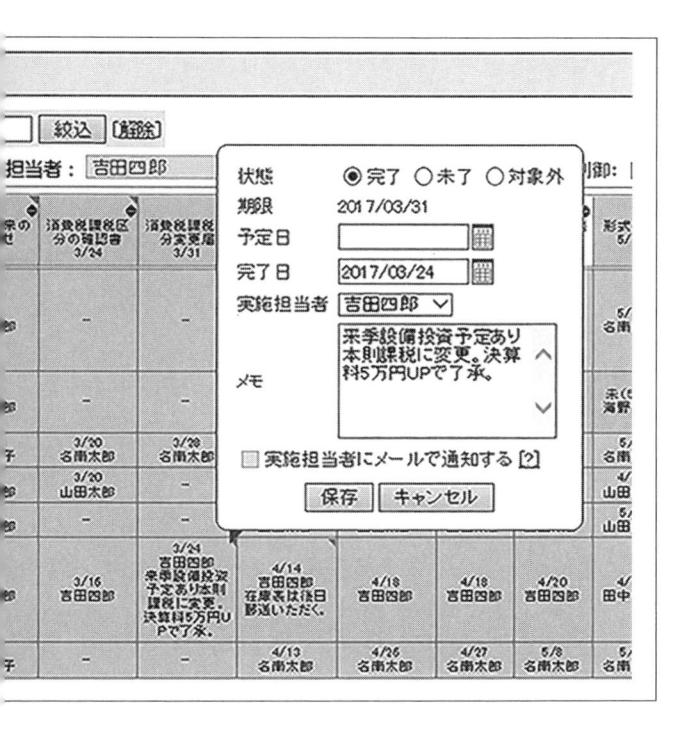

⑤ 期限を明確にする

　進捗管理項目ごとに所内ルールの期限を明確にします。これまでも繰り返し説明してきたとおり、納期を明確にすることが、生産性向上には欠かすことができない重要な要因との認識が必要です。

⑥ 実施者と実施日を明確にする

　期限が決まれば、「誰が」「いつ」やるのかを明確にする必要があります。効果的・効率的な仕事をしていくためには、「きょう実施する仕事を明確にする」ことが肝要です。もちろん、予定した人が予定した日にできないこともあるでしょう。その場合は、その都度見直しをすればよいのです。常に実施者と実施日を明確にすることが大切です。

⑦ 対象顧客をリストアップする（絞り込む）

　ときに、対象外のお客様まで含めた管理表を作成されることがありますが、効率を考えれば、やはり対象先だけに絞り込むほうがよいでしょう。

⑧ 重要確認項目を明示する

　業務を進めるなかで、確認しなければならない項目があります。その都度、確認を要する内容が記載されている場所に見にいかないと業務ができないようでは非効率です。ゆえに業務遂行上、必要な確認項目は進捗管理表の中に明示しておくことをおすすめします。

　さて、このようにして作成された進捗管理表を事務所内に"定着"させるにあたっては、何より、**業務が完了した時点で「完了」したことを明示する習慣をつける**ことが重要です。グループウェアでの進捗管理表においては、「完了」ボタンを押す、という行為の習慣化です。

　そのためには、少なくとも"期限"の段階、できればより早い段階で全体的な進捗状況の確認をするなどの取り組みがどうしても必要です。そのような活動を、「完了」ボタンを"ポチ"っと押す習慣をつけるという意味で、当社では「"ポチ"運動」と名づけています。気軽に、楽しみながら習慣化してほしいという願いを込めています。

　このようにして、**進捗管理表を見れば、全体的な業務の状況は大体把握できる**状態を目指していただきたいと思います。

2-7 チェックリストを充実させる

　これまで検討してきた「業務進行チェック表」や「作業指示書＆確認書」、ならびに「進捗管理表」は、いわゆる業務の進行・進捗状況に関わる「チェックリスト」といえます。チェックリストには、このような進行・進捗に関わるもの以外に、"アフター"と"ビフォー"に関わるものがあります。

（1）業務品質を保証するアフターチェックリスト

　アフターに関わるチェックリストは、**業務品質を保証する最後の砦**となるものといってよいでしょう。試算表にしろ、決算書・申告書にしろ、お客様のもとにお届けする際には、事務所が保証する品質を満たしたものでなければなりません。その品質を担保できているかどうかの最終確認をするのが「アフターチェックリスト」です。

　本項ではまず、アフターチェックリストを作成する際のポイントと留意点を解説したいと思います。

① チェックリストは"必要悪"と認識する

　本来は、業務終了後に改めてチェックなどしなくても、業務が完了した時点で、すでに品質基準を満たしていることが理想です。要するに、1つひとつの作業段階で、求められる品質がつくり込まれていることが理想なのです。

　しかし、人間は不完全な生き物ですから、ミスをしたり、またそれを見逃してしまったりすることがあります。そこで、次善の策として、最終的

なチェックを行なわざるを得なくなるわけです。よって、チェックリストは必要悪との認識が必要であり、

- ●チェック項目は、できるだけ少なく
- ●チェックは、できるだけ簡便にできるように

することが肝要です。もちろん、そのために品質が担保されないようでは本末転倒ですから、そのバランスに留意する必要があります。

② 事務所としての"品質基準"を設ける

　"品質基準"は、事務所の方針によって異なるものですから、事務所ごとに違っていて当然です。さらに、醸成されている組織風土によっても異なってくるでしょう。"品質"に対する共有化された価値観とあまりに乖離があるようでは、現実的とはいえません。よって、公開されている他事務所のものやひな型などをそのまま流用することなく、事務所の実態に基づき、オリジナルのものを作成されることをおすすめします。

③ チェック項目を増やすときは、減らす項目も検討する

　ともするとチェック項目は、「いつの間にか増えていた」となることがあります。なぜならば、「問題が起こるたびに追加される」ことが多いからです。問題が起こるたびにチェック項目が増え続けたら、それこそ「問題が起こるたびに生産性が落ちていく」ことになりかねません。業務改革の取り組みにおいては、これでは本末転倒です。

　もちろん、二度手間やクレームなどを排除するために必要なチェックはもれなく行なうべきですが、チェック項目の中には、すでに習慣化され、当たり前に実施できるようになっている項目であったり、仕組み化されてチェックそのものの必要性がなくなっているような項目もあったりするものです。

　そこで、「１つ増やしたら１つ減らす」という意識のもと、**チェック項**

目を増やすときは、チェックリストそのものを見直すチャンスと捉えていただくとよいでしょう。

④ "熟練度" に応じて、チェック項目および内容を設定する

　一般的にチェックリストは、その業務に精通していない職員を対象としてつくられることが多いものです。チェックリストが、「業務品質を保証する最後の砦」であるとすれば、品質上、最も懸念されるメンバーを対象としてつくることは、当然のことといえます。逆にいえば、熟練度の高い人にとっては、すでにチェック不要な項目もあるということです。

　よってチェックリストは、その "熟練度" によって変える、ないしは「免除項目」を設けるなどの対策を打つことが必要です。チェックリストの存在そのものが、生産性を阻害する要因になってしまってはいけません。

　そこで、たとえば**図表2-10**のように、業務ごとに熟練度を3〜4段階くらいに区分し、職員のランク付けを行なうとともに、チェックリストの運用方法を変えることをおすすめします。

図表2-10 熟練度レベル・ランク表（例）

レベル	状　態
1	業務そのものも、指導を受けながらでないとできない
2	一通りの業務はできるが、ミスやもれなどを発見することができない
3	自らミスやもれなどを発見でき、修正することができる
4	人のミスやもれなどを発見でき、適切な指導を行なうことができる

　上記の区分における「レベル1」の段階では、そもそもチェックリストは不要ですね。まずは1人で業務ができるようにならなければなりません。この段階では、上司や品質管理者などの第三者チェックが欠かせません。

　「レベル2」になれば、詳細なチェックリストが必要となります。繰り返しチェックリストに基づくセルフチェックを行なわせ、さらに第三者チェックを加えることで、

- 何が理解できていないのか
- 何を見逃しやすいのか
- 何を強化・訓練しなければならないのか

を明らかにしていくことになります。

「レベル3」になると、すでに詳細なものは必要ないでしょう。「ここだけはどうしても確認が必要」という内容に限定し、それ以外のチェックは免除することで、業務時間の短縮に力点を置くことになります。

「レベル4」は、品質管理者クラスであり、将来の管理者候補といってよいでしょう。チェック項目はすべて頭の中に入っていて、すでにチェックリストそのものが不要になっているかもしれません。

いずれにしろ、このような区分をすることによって、

- いま、自分はどの段階にあるのか
- どんな能力を身に付けていかなければならないのか

を自他ともに認識することができます。結果として、自発的な自己成長意欲を醸成することもできるようになるものなのです。

⑤ **チェックリストの存在自体が、品質に対する責任感の低下につながらないように留意する**

さて、「レベル1」ないしは「レベル2」の段階において留意しておかなければならないのが、**第三者チェックがあることに甘えが出る**可能性があることです。また、本来、チェックリストは、品質を担保するために存在するのですが、ともすると、**チェックすることで満足してしまう**状態に陥ってしまうこともあります。いずれも好ましい状態とはいえません。

そうならないためにも、

- なぜ、このチェックリストが存在するのか
- このチェックリストによって、何を実現しようとしているのか

を常に認識できる状態をつくっておくことが必要です。たとえば、

- その目的・意義・狙いをチェックリストそのものに記載しておく
- 一定期間ごとに、朝礼などの場でその必要性を訴える

などの取り組みが必要でしょう。

　また、チェック項目としてあったにもかかわらず、ミスやもれなどが発生してしまった場合には、「ねじを締め直す」好機と捉え、改めてその目的と必要性を再教育する必要があります。"蟻の一穴"の逸話ではありませんが、小さな問題を見逃さず、よりよい事務所づくりのきっかけにしていただければと思います。

（2）業務改革のカギとなるビフォーチェックリスト

　次に"ビフォー"に関わるチェックリストについて解説します。

　「ビフォーチェックリスト」とは、その名のとおり、**作業を始める前に必要なチェックを行なう**ものであり、業務改革において、非常に重要なものと認識していただきたいと思います。

　たとえば、プラモデルや組立家具などをイメージしてみてください。箱を開けると、必要なパーツとともに説明書が入っていて、そこに「パーツリスト」が記載されています。そして、開封後すぐに行なうことは、**あるべきものがあるべき状態で揃っていることを確認する**ことです。

　この確認を怠って、最初から入っていなかったパーツや不良品があるにもかかわらず製作を始めてしまったら、中途半端な状況で中断を余儀なくされ、かつ、最初に確認していれば不要であった、

- 最初からなかったのか、なくしてしまったのかを確認する時間
- 不良品であることに気づかず、何とかしようとする時間
- いったん片付ける時間と、再開時に改めて準備する時間
- 再開時に、どこまで終わっていたのかを確認する時間

といったムダな時間が生じてしまうことになります。

　また、人にお願いすることがあったとすれば、その相手に手待ち時間を生じさせてしまうかもしれません。

　さらに製作途中での発見は、「あなたがなくしたのでは？」「あなたが壊したのでは？」などといった疑いをかけられても仕方がありません。その説明や交渉に費やす時間も全くムダな時間といえるでしょう。

　このように、事前にチェック・確認さえしていれば発生しなかった "ムダな時間" を排除するために、**作業そのものを最も効果的・効率的に行なうことができる状態になっているかを確認する**のが "ビフォー" チェックリストの意味と価値なのです。

　これを、税理士事務所の業務と照らし合わせてみれば、その最たるものは資料回収に関わるチェックリストということになるでしょう。月次にしろ、決算にしろ、季節業務にしろ、実に多くの「回収資料」が存在し、その資料回収の精度が税理士事務所の生産性を左右するといっても過言ではありません。

　さらに問題なのは、プラモデルや組立家具であれば、あるべきパーツがあるべき状態で入っていなかった責任がメーカー側にあることは明らかですが、回収資料に関しては、一概にお客様の責任とはいえない部分があります。それは、パーツを提供するメーカーがプロであり、かつ購入者にお金を支払ってもらう存在であるのに対して、資料を提出してくださるお客様は会計業務の素人であり、かつ私たちがお金を支払ってもらう存在だからです。資料回収にあたっては、私たち税理士事務所側が細心の注意を払い、自らの生産性向上を実現するために、その精度を自ら担保しなければ

ならないのです。

　それでは、ビフォーチェックリストの事例として、次ページ**図表2-11**の「ご提出資料一覧表（確定申告用）」を参考にしてください。図中に示した①〜④の数字に基づいて、そのポイントを説明していきます。

① お客様ごとに作成する

　当然のことですが、回収資料はお客様によって異なりますから、お客様ごとに作成することになります。ただ、資料の並びの順番は、できるだけ統一しておくとよいでしょう。

　なお、月次業務においては、毎月は必要ないけれども、113ページ**図表2-12**の「現金納付の場合の納付期限」に示した納付書のように、特定月に必要な資料もあります。よって、月次業務に関わるご提出資料一覧表は、月ごとに作成されると、より精度が高まります。

② 提出いただきたい資料は具体的に示す

　たとえば生命保険であれば、単に「生命保険の控除証明書」とだけ記載するのではなく、事例のように具体的に保険会社名を記載し、その帳票ごとにチェック・確認ができるようにします。

　また、季節業務や決算業務などは年に１回のことですので、「どんな資料だったか覚えていない」お客様もいるかもしれません。その可能性がある場合、前年に回収した資料の写しを添付するなど、確実に回収できるようにしておくことが肝要です。

③ 記載資料以外のものがあった場合の対処法を明記する

　ときには、当方で把握していない取引が発生している場合があります。そして、その取引に伴う資料が税務上必要なものであったとしても、お客様が気づかれない場合もあるでしょう。

　そこで、事例のように、取引内容でその有無を確認できる欄を設けるこ

図表2-11 ご提出資料一覧表（確定申告用）の例

| | 様 | ① |

ご提出資料一覧表

いつもお世話になります。＿＿＿＿様の確定申告には、下記の資料が必要となります。

無駄な税負担がないよう、もれなくご準備・ご送付ください。

④

恐れ入りますが、年内に揃っている資料は**1月10日（水）**までに、それ以外の資料は**1月31日（水）**までにご送付くださいますよう、よろしくお願い致します。

資料の早期回収にご協力のほどお願い致します。

ご提出いただきたい資料	枚数	当所 チェック欄
□生命保険の控除証明書	枚	
□……生命株式会社	枚	
□…………生命株式会社 　②	枚	
□……生命相互会社	枚	
□損害保険の控除証明書	枚	
□……損保	枚	
□……火災海上	枚	
□地震保険の控除証明書	枚	
□小規模企業共済掛金の払込証明書	枚	
□国民年金保険料の控除証明書	枚	
□国民健康保険の通知書または領収書の写し	枚	
□生命保険満期金の受取計算書	枚	
□寄附金の領収書（ふるさと納税を含みます）	枚	
□給与・年金の源泉徴収票	枚	
□株式会社……	枚	
□……協同組合	枚	
□配当の支払調書	枚	
□……株式会社	枚	
□株式会社……	枚	
□医療費の領収書	枚	
□先物取引に関する書類（取引報告書など）	枚	
	枚	

※お客様の状況につきましては、極力把握するように努めておりますが、もし次のような取引がありましたら、担当者までお知らせください。

□不動産を譲渡した　　　　□株式を譲渡した　　　　□住宅を取得した

□相続・贈与を受けた　　　□その他、昨年になかった取引を行なった（新たに契約した）

（その内容：＿＿＿＿＿＿＿＿＿＿＿）

③

※不明な点は、ご遠慮なく担当者もしくは事務所までご連絡ください。

図表2-12 現金納付の場合の納付期限

現金納付の場合の納付期限

納付期限		内容	
1月	20日	源泉所得税の納期の特例の適用を受けている場合の源泉所得税の納付	前年7～12月分
	31日	労働保険料の納付	第3期分
	31日	継続・有期事業概算保険料延納額の支払	第3期分
	※	個人の県民税・市町村民税の納付	第4期分
2月	※	固定資産税・都市計画税の納付	第4期分
3月	15日	所得税および復興特別所得税の納付期限	
	31日	個人事業者の消費税および地方消費税の納付期限	
4月	※	固定資産税・都市計画税の納付	第1期分
	※	軽自動車税の納付	
5月	※	自動車税の納付	
6月	※	個人の県民税・市町村民税の納付	第1期分
7月	10日	源泉所得税の納期の特例の適用を受けている場合の源泉所得税の納付	1～6月分
	10日	労働保険料の納付	第1期分
	10日	継続・有期事業概算保険料延納額の支払	第1期分
	31日	所得税の予定納税	第1期分
	※	固定資産税・都市計画税の納付	第2期分
8月	31日	個人の事業税納付	第1期分
	※	個人の県民税・市町村民税の納付	第2期分
10月	31日	労働保険料の納付	第2期分
	31日	継続・有期事業概算保険料延納額の支払	第2期分
	※	個人の県民税・市町村民税の納付	第3期分
11月	30日	個人の事業税納付	第2期分
	30日	所得税の予定納税	第2期分
12月	※	固定資産税・都市計画税の納付	第3期分

※都道府県ないしは市区町村の定める日まで

図表2-13 特殊事項チェックリストの例

特殊事項チェックリスト（法人用）

お客様名： [   ]   [   ] 月分

下記の事項はありませんでしたか？　あれば該当項目の□に**チェック**をお願いします。
また該当する場合は、**必要資料のコピー**を同封してください。

確認事項	同封いただく資料
□10万円以上の備品・ソフトウェアの購入・譲受・売却・廃棄をしましたか。	請求書もしくは領収書
□10万円以上の車両の購入（買換え含む）・譲受・売却・廃棄をしましたか。	（売却・買換えの場合）売却価格や下取り価格の明細・請求書
□10万円以上の修理・修繕は行ないましたか。	請求書もしくは見積書
□建物の修理等、大規模な修理は行ないましたか。	請求書もしくは見積書・修繕前後の写真
□株式・投資信託・債権・社債の購入・売却をしましたか。	取引報告書・通知書
□還付加算金の入金はありましたか。	通知書
□加算税・延滞税・罰過金の支払をしましたか。	領収書・通知書
□健診・原稿料・講演料など報酬料金の入金・受け取りはありましたか。	（初めて受け取る先の場合、あれば）契約書、領収書など
□弁護士・公認会計士・司法書士や講演料など報酬料金の支払いはありましたか。	源泉徴収額がわかる請求書もしくは領収書
□リース契約の締結・変更・解約をしましたか。	契約書、リース料支払予定表
□土地・建物等の賃貸借契約の締結・更新・変更・解約をしましたか。	契約書など取引内容が確認できる書類
□土地・建物等の売買・請負契約の締結・変更をしましたか。	契約書など取引内容が確認できる書類
□保険契約の締結・変更をしましたか。	契約書
□保険契約の解約・満期はありましたか。	通知書
□誰かに金銭を貸しましたか。	契約書・返済予定表
□借入金の契約・契約内容変更・返済・借換をしましたか。	契約書・返済予定表
□会社の預金口座の増加、解約はありましたか。	支店名、口座番号が確認できる書類
□源泉所得税の納付、従業員住民税の納付をしましたか。	領収書
□ふるさと納税をしましたか。	寄付金受領証明書
□ふるさと納税以外の寄付をしましたか。	寄付先から送付される領収書が同封された書類一式
□株式等の配当や預金利息の入金・通知はありましたか。	通知書
□役員や役員報酬の変更をしましたか。 ※新たに役員に就任された方については、後日、詳細をヒアリングいたします。	履歴事項全部証明書 議事録
□株主の異動はありましたか。 （例）役員間・株主間の株式贈与や売買、自己株式の売却・買取、相続など	議事録 契約書
□本店の移転、支店や事業所の開設・移転・廃止をされましたか。	履歴事項全部証明書、議事録 登録免許税領収書
□請求書上の相殺取引はありましたか。	相殺された金額・内容が確認できる書類
□売掛債権のうち、回収不能になったものはありましたか。	回収不能先・金額・理由が確認できる書類
□海外取引または外貨建取引はありましたか。	取引日・レートが確認できる書類
□補助金・助成金などの受領または申請をしましたか。	金額・内容が確認できる書類
□法人税等・消費税等の中間申告・予定納税の納付をしましたか。	領収書

とで、できる限りもれのない作業の実現を図る工夫も必要です。

　また、月次においても前ページ**図表2-13**の「特殊事項チェックリスト」のような帳票を用意し、取引実施後、できる限り速やかに把握・確認できる状況をつくり出すことも検討してください。

④ 資料提出期限を明示する

　最後に、ご提出いただく期限を明示することをおすすめします。これは季節業務や決算業務に限らず、月次業務においても同様です。もちろん、その実現はお客様のご協力に委ねざるを得ませんが、ご提出期限を明示することによってお客様の心の中に、「○日までに出さないといけなかったな」といった意識が生まれることは間違いありません。

　実際に、**納期を明示しただけで資料回収が早まった**という事例は、多いものです。「期限を切られることに抵抗があるのではないか」という不安や疑念は私たちの単なる思い込みなのかもしれません。

　さらに、期限を明示することで、催促のご連絡を入れやすくなるものです。少しの勇気をもって、期限を明示していただければと思います。

2 (8) 「年末調整業務」の改善ポイント

これまでは、すべての業務に共通する改革への取り組み内容を説明してきましたが、ここからは、業務ごとのポイントを整理していきたいと思います。まずは、49ページ以下でも説明したとおり、最も標準化がしやすく、最も早く取り組むことが望ましい「年末調整業務」について解説します。

（1）資料回収をできる限り早く行なう

前項でも述べましたが、効果的・効率的な業務を実現するためには、「作業を始める前に、あるべきものがあるべき状態で揃っている」ことが重要です。これは、年末調整業務においても同様です。

しかし、もれなく回収できたとしても、「すべての資料が揃ったのが、12月分の給与計算時だった」では、とても効率的とはいえません。一方で、年末調整が必要なお客様のすべての資料が11月中に揃っていたらどうでしょう。どれだけ業務が楽に進められるか、想像に難くないと思います。要するに、**資料回収にはスピードも必要**ということです。

そこで、できるだけ早期にすべての対象者のすべての資料を揃えるために、資料回収のご案内から、その時期を前倒しされることをおすすめします。具体的には、**図表2-14**のようなスケジュール感になります。

もちろん、すべてのお客様が対応していただけるとは限りません。たとえば、「最終的には12月20日までに」といった"裏期限"を設定せざるを得ない先もあるかもしれません。一方で給与の支給日や、年末調整による税額の精算時期によっては、スケジュールを他よりも前倒す必要が生じるケースもあるでしょう。このような一部例外を除いたとしても、全体とし

ての業務の効率化は、間違いなく図れると思います。

図表2-14 年末調整業務の資料回収スケジュール（例）

	実施内容	実施時期ないし期限
①	資料回収のご案内（郵送）	10月中
②	確認のご連絡（TEL）	資料送付後1週間以内
③	資料回収の締め切り（不足資料の確認）	～11月20日
④	不足資料の回収	～11月30日

（2）「年末調整担当者」を設ける

　図表2-14における「②確認のご連絡（TEL）」と「③資料回収の締め切り（不足資料の確認）」は、お客様担当者以外の人が行なうことをおすすめします。

　まず「②確認のご連絡（TEL）」ですが、気心の知れた担当者ですと、お客様も、「わかってる」「いつもと同じだよね」などと、しっかりと耳を傾けてくれないことが多く、また、担当者自身も同様に、詳しく説明する必要性を感じていなかったり、説明すること自体に気が引けたりすることもあるようです。結果として、「きちんと伝わっていなかった」ことによるロスが発生する可能性があるのです。

　そこで、年末調整専任の担当者を設け、「年末調整担当の○○と申します」と切り出したうえで、次のように、「①資料回収のご案内」に同封した資料をご覧いただきながら確認・依頼をしていくとよいでしょう。

　　□「資料回収のご案内」でお送りしている資料が届いているかどうか
　　　の確認
　　□社員の方々にお渡しいただきたい資料の確認
　　□社内における社員の方々からの回収期限の設定のお願い

□回収された資料を当方へ送っていただく期限の確認とお願い
□社員用の「年末調整チェックシート」の記載内容確認のお願い
□中途入社の方の前職での源泉徴収票回収のお願い
□マイナンバー情報の準備のお願い
□年末調整料金のお知らせ

　面白いもので、お客様も「年末調整担当者」といわれると、「きちんと対応しないといけない」という気持ちが湧いてくるようです。実施された事務所からは、「90％以上のお客様がきちんと聞いてくれた」との報告もいただいています。これは特別な対応が必要なＳ先（54ページ参照）の存在が10％以下であることの証明といえるかもしれません。

　「③不足資料の確認」においても、年末調整担当者の役割は重要です。お客様担当者が確認作業を担う場合、せっかく早期に資料が回収できても、目先の業務に追われて先延ばしにしてしまい、不足資料の存在に気づくのが遅れる可能性があるのです。これではせっかく早く送っていただいたお客様が救われません。

　そこで年末調整担当者の登場となります。ご自身で「②確認のご連絡（TEL）」をした先の資料が到着した段階で、「③不足資料の確認」をしてもらうのです。もし、完璧に揃っていたとしたら、それは大きな喜びと自信につながることでしょう。

　逆に、不足資料があったとすれば、自己の責任として不足資料の回収に全力を尽くしてくれるものです。お客様も、「②確認のご連絡（TEL）」をしてくれた年末調整担当者から不足資料がある旨を伝えられたとしたらどうでしょう。「早く送らなければ」と思っていただける可能性は高まると思います。事実、そのような声はよくお聞きします。

　また、年末調整担当者を新人職員に任せた事務所では、送付物の内容をしっかり把握するきっかけになったとの声も聞きます。ただし、新人職員に任せる場合は、具体的な「台本」を用意することが必要です。そしてこ

のケースでも、「台本どおりお伝えして。わからないことがあったら聞いて」のスタンスが大切です。

　いずれにしても、年末調整担当者を設ける効果は、大きいといえるでしょう。

（3）早期回収先ほど、「目標工数」を明確に意識する

　上記のような取り組みを通じて期限に余裕が生まれると、仕事の仕方も緩やかになるのが人の性というものです。ゆえにこれまでも繰り返しお伝えしてきたとおり、「目標工数」を明確に意識することが大切です。

　特に成長段階においてはなおさらです。2年、3年と経験を重ねることによって、それだけで早く業務を進めることができるようになっており、さらに余裕が生まれるものです。少なくとも、昨年と同等の工数を目指すようではいけません。83ページで説明した「成長係数」を設定し、お客様ごとの具体的な目標工数を設定したうえで行なうことが大切です。

2 — ⑨ 「確定申告業務」におけるポイント

（1）年末調整との共通点

　ここからは、「確定申告業務」におけるポイントについて解説します。

　年末調整も確定申告も季節業務ですので、多くの共通点があります。そこでまず、それぞれに共通する部分を比較しながら解説したいと思います。

① 資料回収をできる限り早く行なう

　確定申告業務においても年末調整業務と同様に、効果的・効率的な業務を実現するためには、作業を始める前にあるべきものがあるべき状態で揃っている、すなわち、資料回収の精度が大切であるとともに、その回収のスピードが重要です。

　前項同様にスケジュール感を例示すると、次のようになります。

図表2-15　確定申告の資料回収スケジュール（例）

	実施内容	実施時期ないし期限
①	資料回収のご案内（郵送）	11月中
②	確認のご連絡（確認TEL）	資料送付後1週間以内
③	資料回収の締め切り（不足資料の確認）	～1月10日
④	不足資料の回収	～1月31日

　しかし、確定申告業務は年末調整業務と比較して、少し難易度が高まります。たとえば、ほとんどの回収資料が年末年始の一時期に集中して発生する年末調整と違って、確定申告においては発生する資料が月ごとに分散

しています。また、毎月訪問している先や隔月で訪問している先、または年に1回しかお会いしない先など、お客様とのお付き合いの仕方も様々ですから、資料回収の方法もまちまちです。さらには、お客様によって申告すべき所得の内容が異なっています。

　そこで、確定申告業務においては、

　　　□訪問の有無、およびその頻度
　　　□65万円控除の対象か否か
　　　□公的年金の有無
　　　□回収資料のボリューム

などの視点に基づいて確定申告対象者を2〜3のグループに分け、資料を回収したいタイミングをそれぞれに決定することをおすすめします。具体的には、グループごとの「③資料回収の締め切り（不足資料の確認）」を、

　　　Aグループ：1月10日
　　　Bグループ：1月31日
　　　Cグループ：2月10日

などに区分するのです。「④不足資料の回収」については、それぞれ1週間から10日後くらいに設定するとよいでしょう。このようにお客様および回収資料の実態に合わせて対応を変えることによって、一時期に回収資料が集中することによる混乱を避けることができますし、回収した資料の確認業務の負担も分散することができるようになります。

②　「確定申告担当者」を設ける

　この視点も年末調整業務と同様に、「②確認のご連絡（確認TEL）」において、「確定申告担当の○○と申します」と切り出したうえで、

□「資料回収のご案内」でお送りしている資料が届いているかどうか
　　　の確認
　　□資料を当方へ送っていただく期限の確認とお願い
　　□確定申告報酬規定（料金表）のお知らせ

などを、「①資料回収のご案内」の際に同封した資料を確かめながら、「確
定申告担当者」が確認・依頼をしていくとよいでしょう。「③不足資料の
確認」についても同様です。

　なお、ご案内する回収資料のご案内内容については、すでに述べたとお
り、たとえば生命保険であれば、単に「生命保険の控除証明書」とだけ記
載するのではなく、112ページの図表2-11のように具体的に保険会社名を
記載し、その帳票ごとにチェック・確認ができるようにすることが大切で
す。この**"具体性"が、資料回収精度を左右する**ことになるのです。

　また期限については、「③資料回収の締め切り」をグループ分けした場
合、確定申告対象者によって異なりますので、その点に注意が必要です。

　さらに、確定申告業務の場合はよりいっそう"料金"の設定が重要にな
ります。年末調整業務の料金体系は、事業者ごとの「基本料金」に、年末
調整対象者数に「お１人ごとの報酬額」を乗じた額を加算する、といった
ように、それほど複雑なものではありません。しかし確定申告業務のご請
求項目はかなり多岐にわたります。具体的には「基本料金」をベースに、

　　□不動産所得　　□事業所得　　□給与所得　　□配当所得
　　□雑所得　　□一時所得　　□医療費控除　　□寄附金控除
　　□住宅ローン控除　　□不動産譲渡　　□株式譲渡
　　□その他申告　　□自社株評価　　□贈与税
　　□消費税（本則・簡易）　　□財産債務調書　　□国外財産調書

などの有無によって、請求させていただく料金が異なります。さらには、

たとえば不動産所得であれば、貸事務所・マンション・アパート・駐車場などの所有物件の違いによって、また贈与税であれば、現金・有価証券・不動産などの財産の違いや相続時精算課税制度・住宅取得資金贈与などの有無によって要する手間が異なり、結果としてご請求金額が同じとはいきません。

　そもそも本書における「業務改革」の目的は、「生産性向上」にあります。どれほど「目の前の業務を短時間に行なうこと（分母の削減）」が行なわれたとしても、「請求させていただくべきものをきちんと請求する（分子の拡充）」が行なわれなければ、業務改革の効果は高いものとはなりません。のちほど詳しく説明しますが、業務改革においては**料金表をきちんと整備する**ことがとても大切です。

③ 早期回収先ほど「目標工数」と「実施予定日」を明確に意識する

　この視点も、年末調整業務と同様ですが、業務に要する期間が年末調整よりも長くなりますから、間延びの可能性はよりいっそう高まります。よって、目標工数に対する意識をより強くもつことが必要です。また、お客様ごとに実施予定日を定めて業務を行なうことも大切です。

　100ページ以下で説明した「業務進捗管理」を意識して取り組んでいただきたいと思います。

（2）業務開始前のポイント

　次に、確定申告業務の固有の内容のうち、業務開始前のポイントについて、事例を参考にしながら解説したいと思います。

① 最終期限目標を決定する

　確定申告の申告期限は、曜日の配列によって異なるものの、原則として3月15日です。もちろん、この日を事務所としての最終期限とすることも

できますが、想定外の出来事が発生する可能性がありますし、前述のとおり、「資料回収の早期化」の取り組みを実施するのであれば、期限を後ろにもっていけばいくほど、間延びしてしまうリスクが増えることになります。ゆえに、**最終期限はできるだけ早めに設定したほうがよいでしょう。**

図表2-16の事例では【完了目標】を、「申告業務：2月28日」と「製本・納品業務：3月1日」の2日程設定していますが、「申告」「製本」「納品」「請求」など、最終期限目標を設定する工程は何でもかまいません。事務所として、**「何を」「いつまでに」完了させるかを明確にする**ことが大切なのです。

また、最終期限日は、翌日が休日であることをおすすめします。「一気に仕上げてゆっくり休む」というメリハリが、"達成感"をよりいっそう引き出すことができるからです。ときに、金曜日を最終期限日に設定しておきながら、「何かあってはいけないから」と、土曜日を出勤日にされるケースがあるようですが、やめておいたほうがよいでしょう。そこには必ずといっていいほど"甘え"が生じるからです。本気で期限を守るつもりなら、この事例のように、その最終期限当日に打上げ会を企画するなど、不退転の覚悟で臨むことこそ大切です。

さらには、**できるだけチャレンジングな目標を設定する**ことをおすすめします。その理由は、第一に、余裕がある期限設定では達成感が得られにくいことです。「季節業務」の最大のよさは、好むと好まざるとにかかわらず、法定期限が定められていて、それを遵守するために最大限の努力をした結果、「期限に間に合わせることができた」ことに対する一定の達成感が得られることにあります。

しかし、あまりに余裕がありすぎると、その効用が薄れてしまいます。「資料回収の早期化」をテーマとして取り組まれるのであれば、なおさらです。逆に、自ら設定した積極的かつチャレンジングな目標を達成したときは、他人から与えられた目標を達成したとき以上の"達成感"を得られ

図表2-16　確定申告目標の例

○年度　確定申告目標

【完了目標】
□2月28日（○）　申告業務完了！
□3月1日（○）　製本・納品完了！
　⇒3月1日　19:00〜全員で気持ちよく打ち上げ行くぞ‼　　　　①

【行動目標】
□資料回収の依頼は、全件確実に実施する
□1月10日までに回収できなかった先には改めてお願いの連絡を入れ、早期回収を図る　　④
□セルフチェックを徹底し、「チェック1・2」での指摘事項をなくす
□税額通知は、必ず全件実施する
□各種手順書・マニュアルに従って業務を行ない、改良すべき点はその場で最良化する

【進捗目標】

No.	工程名	内容	詳細	担当者	期限	12月	1月	2月	3月
1	依頼	資料回収のお願い	全件、確実にお願いを完了させる		12月25日				
2	資料回収1	年内に揃う資料の回収	「ご提出資料一覧表」に基づく		1月10日				
3	資料回収2	すべての必要資料の回収	〃		1月31日				
4	決算書	決算書の作成	セルフチェックの徹底		2月15日				
5	申告書	申告書の作成	〃		2月20日				
6	チェック1	担当者による相互チェック			2月21日				
7	チェック2	所長による最終チェック			2月23日				
8	税額通知	関与先への税額のお知らせ	全件、確実にお伝えする		2月23日				
9	電子申告	電子申告の実施	納期必達!!		2月28日				
10	製本	書類一式の製本			3月1日				
11	納品	書類の発送			3月1日				
12	請求	申告料請求書の作成			3月30日				

（②は期限欄、③はガントチャート欄を指す）

るものです。

　第二に、これまでのやり方では達成が困難な目標を設定することによって、知恵と工夫を生み出すことができます。そしてその知恵と工夫が他の業務にも応用され、事務所全体の生産性を高めていくことになるのです。

　一方で、期限を遵守するために、残業や休日出勤を増やすことで対応するようならば、まさに本末転倒です。知恵と工夫を生み出す機会を喪失しているようなものだからです。労働時間の制限を設けつつ、期限を達成していくことが大切です。

　ただし、あまりにも現実と乖離した目標ですと、「達成しよう！」という意欲そのものが初めから醸成されないおそれがあります。「頑張れば達

成できる」「私たちならやれる」と感じられる目標であること、少なくとも「絶対に無理！」とならない目標であることが必要です。

② 最終期限目標から遡り、工程ごとの期限を明確にする

最終期限の目標が決まれば、その期日から遡って、工程ごとの期限を明確にしてきます。図表2-16では、「9．電子申告」を2月28日までに実施するために、「7．チェック2」をいつまでに終わらせなければいけないか、「7．チェック2」を2月23日までに終わらせるためには「6．チェック1」をいつまでにやっておかなければいけないか、という検討がなされています。そのような検討を繰り返しつつ、それぞれの業務ステップごとの期限目標を設定していくのです。

また、この事例の「12．請求」などのように、15日以降の業務に関わる期限目標も明確にすることによって、最終期限達成の安堵感がもたらす気の緩みを排除し、ともするともらしてしまいやすい業務を意識して実施できるようになります。

③ 工程ごとの実施期間を明確にする

さて、期限を明確にするだけでは、「期限ぎりぎりに業務が集中する」という弊害が生じるおそれがあります。そのような状態はできる限り避けたいものです。そこで大切なのが、**工程ごとの"実施期間"も併せて設定する**ことです。

図表2-16で説明しますと、「4．決算書」の期限は2月15日ですが、実際には「2．資料回収1」で年内に揃う資料の回収ができれば、少なくともその期限である1月10日の翌日からスタートすることができるわけです。よって実施期間は、1月11日から2月15日までということになります。

「期限」欄だけを見ると、かなりタイトなスケジュールのように見えますが、その実施期間を表わす矢印（一般的には「ガントチャート」と呼びます）を見ると、それほどタイトな状態ではないことがわかります。精神的な負担感を緩和するためにも、工程ごとの"実施期間"を明確にするこ

とが大切なのです。

　また、ただ期間を明確にするだけですと、「まだ余裕がある」といった安心感から、結局、「期間の後半に業務が集中する」ということになりかねません。それでは、せっかく期間を設定した価値が薄れてしまいます。そこで大切なのが、**実施期間内における完了件数目標を明らかにする**ことです。たとえば、「4．決算書」の実施期間は約5週間あります。そこで週単位で完了件数目標を設定することで、期間内の負荷の分散を図るのです。

　さらに、その中身も大切で、たとえば先に軽いものばかりを終わらせてしまい、後半に重いものばかりが残っていると、気が重くなってしまいます。そこで、週単位で軽いものと重いものをうまく組み合わせて計画を立てることをおすすめします。いずれにしろ、工程ごとに「いつまでに何件終わらせる」という目標設定をすることが大切です。

　なお、「資料回収」については、年末調整業務と重なる時期がありますから、最終的にすり合わせを行なう必要があります。また、年間を通じて回収できる資料もありますから、資料回収に関しては、年末調整業務と確定申告業務をひとまとめにして、年間スケジュールを明確にされることをおすすめします。特に、同一担当者が同一タイミングで行なうことができるものは、一緒に認識できる状態にしておくとよいでしょう。

④ 申告内容によって、実施担当者を見直す

　最後に、実施担当者に関する視点についてです。一般的には、関与先担当者が担当先の申告対象者すべての申告業務を行なうことが多いようです。「知っている者が行なったほうが早い」という考えなのだと思われますが、事務所全体の生産性を考えるときには、それがベストとは言い切れません。**業務内容の難易度と、職員の能力を合致させる**ことが、結果として事務所全体の生産性向上につながるからです。

少なくとも、「2か所給与だけ」などの簡単な申告業務は、誰でもできる状態にしておくことこそ大切であり、「時間単価の高いベテラン職員が実施していることが、事務所全体の生産性を阻害しているのではないか」といった検証が必要です。まずは「申告対象者」とその「申告内容」を棚卸しし、事務所内において誰が実施することが最適なのかを検討していただきたいと思います。

　また、「一対象者の申告業務すべてを同一担当者が行なわなければならない」ということもありません。適材適所で役割分担することも必要です。要は**工程ごとに分業体制を整える**ことを検討することにも価値があるということです。

　この分業体制は、それによって発生する後工程の存在が、「次の人が待っている」という意識を生み、"作業品質"と"期限"に対する意識を高める効果もあります。

　ぜひ、申告対象者ならびに工程ごとの担当者設定の検討をしてみてください。そして、図表2-16における【行動目標】（④）のように、実施にあたって意識すべきことを明確にし、モチベーションを高めたうえで、「確定申告業務」に突入していただきたいと思います。

（3）業務遂行中のポイント

　次に、確定申告業務のうち、業務遂行中におけるポイントを解説します。

① 早期資料提出に向けて、お客様の動機付けを図る

　これまでも何度もお伝えしてきましたが、季節業務については、「資料回収」の工程が生産性に最も大きな影響を及ぼします。そのために、前述のとおり、資料回収時期をできる限り早めに設定し、「確定申告担当者」を設けることによって、早期資料回収を実現していくことが肝要です。

　しかし、実際に資料をご提出いただくのはお客様です。したがって、**お**

客様に早期提出の意思と意欲をもっていただく必要があります。少なくとも、「後回しにすることに何の抵抗もない」状態は避けなければならないのです。もちろん、確定申告担当者を設けることも、その目的を果たすための手段の1つではありますが、もっと積極的かつ自発的な行動を促すことができれば、さらに理想的であるといえるでしょう。

　そこで検討したいのが、**お客様に"達成"の喜びを感じていただく工夫をする**ことです。84ページでも説明したとおり、人にやる気をもたらす要因の第1位は"達成"です。"達成"の喜びを感じていただけるような工夫をすることによって、よりいっそうスムーズかつスピーディな資料回収を実現することができるようになるのです。

　たとえば、**提出順位を公表することによって、お客様に意識改革をもたらしている**事務所があります。

　具体的には、資料回収が完了するお客様ごとに、「おめでとうございます。当所内における資料回収順位が〇件中、第〇位でした」「来年はぜひ〇位（以内）を目指してください」などとお伝えするのです。

　翌年の資料回収のご依頼をさせていただく際には、「去年は〇位でしたね。今年はぜひ〇位（以内）を目指しましょう！」とお声がけするとよいでしょう。意識の高いお客様であれば、間違いなく響く言葉だと思います。

　たとえば週1回、すべてのお客様に向けて「現在〇件中〇件ご提出済み」などといった事務所からのメッセージを発信することも有効かもしれません。

　人にやる気をもたらす要因の第2位は"承認"です。ゆえに**表彰制度を設ける**ことも検討の価値があります。たとえば、実際に資料をまとめておられるお客様の経理担当者の方に事務所から「感謝状」や提出順位を記載した「表彰状」などを発行し、それを社長からお渡しいただいている事務所があります。社長も誇らしいでしょうし、渡された担当者は、「来年も頑張ろう！」という気持ちになることは間違いないでしょう。

ぜひ、申告対象者または資料送付を担当いただく人が気持ちよく、「頑張って早く資料提出しよう！」と思えるような工夫をしていただきたいと思います。

　また、一度にまとめて回収することができない場合は、「不足資料」を共有しておくことをおすすめします。「あと、何を提出したら資料提出が完了するのか」をお客様に常に意識しておいていただかなければならないからです。方法は問いません。資料提出の進捗状況を共有し、「あとこれだけ提出したら終わり！」ということがわかる状態をつくり出すことが、モチベーションアップにおいて、とても大切です。

　一方で、絶対に避けなければならないことがあります。それは、「回収した資料を放置すること」です。

　考えてみてください。「早く提出してあげなければ」との思いで、一所懸命対応してくださったにもかかわらず、2週間も3週間も経ってから「資料が足りません」と言われたらどう思われるでしょう。「急ぐ必要はなかったじゃないか。来年は頑張らない！」となってしまっても、不思議ではありません。

　よって、資料到着後は何よりも優先して中身を確認し、不足資料があれば、間を置かずにご連絡するようにしましょう。その際には早期に対応いただいたことに対する感謝の言葉を添えることを忘れないでください。

　この期間が短ければ短いほど、「頑張った甲斐があった」となるものなのです。

② **最終納品物をイメージしながら作業をする**

　確定申告には、最終的にお客様に納品すべきものがあり、そのために「製本」という工程が必要となります。

　製本工程においてはまず、**必要書類の並び順の事務所標準を明確にする**ことが大切です。たとえば、

1. 電子申告受信通知のメール詳細
2. 所得税および復興特別所得税の確定申告書（第一表・第二表）
3. 所得の内訳書
4. 税務代理権限証書（税理士法第30条に規定する添付書類）
5. 添付書類一式
6. 確定申告額および月別納税予定
7. ふるさと納税による寄附金額の試算表

などといったように、必要書類の製本順序を明確にしておくのです。

　もちろん、上記資料以外にも、「株式等に係る譲渡所得等の金額の計算明細書」「（特定増改築等）住宅借入金等特別控除額の計算明細書」「中小企業倒産防止共済掛金の必要経費算入に関する明細書」「外国税額控除に関する明細書」「財産債務調書の合計表」などといった書類が必要な場合もあるでしょうから、考えられるすべての書類に関してその製本順位を明らかにし標準化しておきます。これで製本の内容に関わる標準化ができます。

　そのうえで、作業に関わる標準化を進めます。具体的には、製本のためにわざわざ時間を取るのではなく、**作業ならびにチェック後にファイリングをしていくと、自然に製本ができている**状態を目指すことが理想です。ぜひ一度、事務所内で具体的な方法を検討してみてください。

③ 記録を残す

　業務遂行中に行なう最後のポイントは、「記録を残す」ことです。まずは、前年になかった資料が追加になった場合は、その都度「ご提出資料一覧表（確定申告用）」に追記しておきましょう。

　さらに、回収が滞ったものがあれば、**滞った資料の内容と、その改善策を記録に残す**ことをおすすめします。少なくとも、「そういえば、去年もそうだった！」といった後悔だけは避けたいものです。

そして、**何かあるたびに翌年度に引き継ぐべき事項を記録に残す**習慣をつけましょう。

いずれにしろ、業務が終わった段階で、翌年の引き継ぎができる状態ができていることが大切です。また、引継事項の閲覧をスムーズに行なうために、**記録の保存場所も事務所内で統一しておく**ことが肝要です。

ぜひ記録の内容および保存場所について、事務所標準を明確にしていただきたいと思います。

（4）業務終了後のポイント

最後に、業務終了後のポイントを解説します。

① 定量的な評価を行なう

確定申告業務が完了したところで、

□処理件数　　□売上高　　□工数　　□時間単価　　□納期達成率

などの定量的な評価を行ないます。業務改革において特に重要なのは、「時間単価」と「納期達成率」です。納期達成率は、工程ごとに算出します。この定量評価によって、事務所の現状を客観的に把握することができます。

時間単価については注意すべき点があります。1つは、確定申告対象に、月次訪問先と「年1先」が混在していることです。月次で実施すべきことがきちんとできている先は高めになり、月次で行なうべきことが行なわれていない、もしくは年1先で事業規模が大きい先は低めになる傾向にあります。そこで、月次訪問先については、月次業務も含めて時間単価を把握し、比較してみるとよいでしょう。

担当した職員によっても違いが出ます。ベテラン職員の退職や新人の増加などの状況の変化が、時間単価に影響を及ぼすことがあるのです。そこ

で、83ページで述べた「成長係数」を考慮していただくとよいでしょう。仮に単純に計算された時間単価が前年と比較して悪化していたとしても、成長係数を勘案すれば、実質的にはよくなっているというケースがあるのです。

いずれにしろ、時間単価を把握するのには、

□確定申告業務全体の生産性を把握する
□お客様ごとの生産性を把握する

という2つの目的があります。その点を考慮して検証を行なう必要があるということです。

② 定性的な評価を行なう

定量的な評価が終われば、その理由を明らかにしていく必要があります。具体的には、次のような視点に従って、検証していきます。

《定性評価の視点》
□資料回収および確認はスムーズに行なうことができたか？　円滑な資料回収および確認を阻害する要因はなかったか？
□進捗管理（進捗の"見える化"）は十分だったか？　不足する内容はなかったか？
□それぞれの工程において、納期達成を阻害する要因はなかったか？
□期限設定そのものを見直す必要はないか？
□それぞれの工程において、もっと標準化できると思われることはなかったか？
□作業内容そのものを見直す必要はないか？
□業務手順書、業務進行チェック表、作業指示書＆確認書および各種マニュアルやチェックリストの活用状況に問題はなかったか？
□業務手順書、業務進行チェック表、作業指示書＆確認書および各種

マニュアルやチェックリストそのものを見直す必要はないか？

□業務全体を通じ、お客様とのコミュニケーションを円滑に行なうことができたか？

□業務全体を通じ、所内のコミュニケーションは円滑に行なうことができたか？

□お客様区分を見直す必要はないか？

□それぞれの工程・作業を担当する人を見直す必要はないか？

□料金設定は適切だったか？

□記録に残すべきことをきちんと残せていたか？

□（月次訪問先については）月次でやっておくべきことはなかったか？

もちろん、これらの視点に該当しないこともあると思います。

確定申告業務全般を振り返って、特に、業務を進めるなかで「不」「苦」を伴うものがなかったかを明らかにしてみてください。

□不：不足・不備・不具合・不一致・不安・不快・不確定　など

□苦：苦労・苦痛・苦心・苦言・苦情・苦手　など

それぞれが気づいた点を出し合い、もれなく振り返りをしていただければと思います。

③ 表彰する

　前項でも記したように、お客様の協力度合いに応じた表彰を行なうことは有効です。前項では、資料回収終了時点における表彰制度についてお伝えしましたが、お客様にご協力いただくのは、資料回収だけとは限りません。全体を通じて、特に改善が図れたお客様には、どこがよくなったかを明確にしたうえで特別賞などを出されることも一考の価値があります。その際には、翌年度に改善をしてほしいところをお伝えするようにするとよ

いでしょう。

　また、職員の成長度合いの評価を実施されることもおすすめします。成長係数から導き出された「工数目標」の実現度や、業務品質を評価し、表彰するのです。人にやる気をもたらす要因は"達成"と"承認"です。職員の方々に対する表彰制度も、ぜひご検討ください。

④ 業務完了後、間を置かずに翌年度の対策を検討する

　定性評価を行なえば、改善を要する項目が明確になっているはずです。「鉄は熱いうちに打て」といいます。できるだけ間を置かずに対策を立案していただくとよいでしょう。

　その際、常に念頭に置いていただきたいのが、**"お客様標準"から"事務所標準"へ**という視点です。年を重ねるに従って事務所標準が進化していく、"進化型業務標準"を目指していただきたいと思います。

　また、料金表の見直しも大切です。繰り返しになりますが、本書の「業務改革」の目的は「生産性向上」にあり、「業務を短時間に行なうこと（分母の削減）」と、「請求させていただくべきものをきちんと請求する（分子の拡充）」ことが同時に行なわれなければならないからです。見直しにあたっては料金は少し高めに設定し、値引きできる状態にすることを意識されるとよいでしょう。

　さらに、お客様によっては、相当の改善をお願いしなければならない先もあるかもしれません。そのような先には、標準を守っていただけない場合に、たとえば2割増しにするなど、ある程度ペナルティを設けることも検討の余地があります。その場合には、来年も改善されなければペナルティをかけさせていただく旨、納品時点でお伝えしておいたほうがよいでしょう。

⑤ 次年度の目標を明確にする

　最後に、④で検討した改善策の実施効果を反映した"目標"を設定しま

す。具体的には、

□事務所全体の「時間単価」
□お客様ごとの「工数」および「時間単価」（料金の見直しを含む）
□全体の「最終期限目標」と工程ごとの「完了期限」
□担当者ごとの「成長係数」

に関わる目標を設定するのです。全体の最終期限目標と工程ごとの完了期限については、125ページの図表2-16の「確定申告目標」の翌年度分を業務完了時点に完成させておくことになります。

　これらの目標を明確にすることによって、④で検討した対策に対する実施意欲をよりいっそう高めることができます。**できるだけチャレンジングな目標設定**、達成意欲をかき立てられるような目標設定をしていただきたいと思います。それが結果として、チャレンジングな行動を生み出す源泉となるでしょう。

2-⑩ 「法人決算業務」におけるポイント

　ここからは「法人決算業務」の業務改革について解説していきます。

　法人決算業務は、業務の流れそのものは「確定申告業務」と近いものがあります。その流れをおさらいしつつ、異なる点を詳しく説明していきます。

（1）「事前準備」のポイント

　まずは、「事前準備」に関わるポイントです。

① 最終期限目標を決定する

　法人決算業務においても、最終期限に関わる目標を明確にすることは重要です。そして、確定申告業務同様に、**最終期限はできるだけ早めに設定する**ことをおすすめします。

　次ページ**図表2-17**に掲げた法人決算目標では、「電子申告（顧問先報告）を申告期限10営業日前までに完了させる！」ことを【完了目標】にしています。なおこの事例では、税額の概算報告は月次業務内で行なわれており、決算業務中に大きな差異があることが判明した場合は、その都度報告していることを前提としています。

　このようにして事務所として、**「何を」「いつまでに」完了させることを目指すのかを明確にする**ことが大切なのです。

　さらには、**できるだけチャレンジングな目標を設定する**ことも、確定申告業務と同様です。

　ちなみに、「40日決算」「50日決算」という目標の設定の仕方もあります

10営業日前申告完了の実現に向けて

【完了目標】
□電子申告（顧問先報告）を申告期限10営業日前までに完了させる！　　①　　　　②
【進捗目標】

No.	業務ステップ	内容	詳細	期限	期中	決算月翌月	申告月	申告明け
1	資料回収	決算に関わる資料回収	必要資料がすべて揃っている状態	1か月前				
2	決算書・申告書完成	決算書・申告書の完成	セルフチェックの徹底	20営業日前				
3	チェック・検算	担当者による相互チェック	決算チェックリストに基づく	15営業日前				
4	所長決裁	所長による最終チェック・決裁		12営業日前				
5	顧問先報告	確定した納税額の報告	全件実施	10営業日前				
6	電子申告	電子申告の実施	納期必達!!	10営業日前				
7	製本	決算申告書類一式の製本	製本マニュアルに基づく	7営業日前				
8	納品	納付書および製本書類送付		7営業日前				
9	最終報告	1年間の振り返り	翌期の改善提案&単価交渉!!	1か月以内				

が、年末年始やゴールデンウィーク、または夏季休暇などのような長期休暇がある月や、祝日のある月、またはカレンダー上の土・日曜日の配置によって、実際の出勤日数は月ごとに異なります。月ごとの業務量とのバランスを考えるうえでも、「営業日数」によって期限設定を行ない、実際の出勤日数を考慮したうえで、業務の段取りをすることをおすすめします。

② 最終期限目標から遡り、工程ごとの期限と期間を明確にする

　最終期限の目標が決まれば、その期日から遡って、工程ごとの期限を明確にしていきます。事例では、「5．顧問先報告」および「6．電子申告」を申告期限の10営業日前までに実施するために、「4．所長決裁」をいつまでに終わらせなければいけないか、「4．所長決裁」を12営業日までに終わらせるためには「3．チェック・検算」をいつまでにやっておかなければいけないか、という検討がなされています。そのような検討を繰り返しつつ、それぞれの業務ステップごとの期限目標を設定していくのです。

　また図表2-17では、申告明けに行なう業務が「9．最終報告」のみとなっていますが、もし他にも事務所独自の工程が存在するのであれば、その工程に関わる期限目標も明確にしておくとよいでしょう。

　さらには、この例のように**工程ごとの"実施期間"も併せて設定する**ことも大切です。

　この例では、「1．資料回収」は1か月前までとなっていますが、何もその期限を待つ必要はありません。すべての資料が揃った段階で、決算書・申告書の作成に着手することは可能です。ですので「2．決算書・申告書完成」の最終期限は20営業日前までになっていますが、実際には決算月翌月の5日目くらいから始められるような表現になっています。実施期間は、決算月翌月の5日目から申告期限の20営業日前までということになり、そのおおよその期間を矢印（ガントチャート）によって表現しています。

　また、確定申告業務では、実施期間内における完了件数目標を明らかにする必要性を記しましたが、件数が限られる法人決算業務では、当月申告先と翌月申告先のバランスと業務ボリュームを考慮しながら、**お客様ごとの「開始日」「実施期間」「完了日」を明確に設定する**ことが肝要です。

　たとえば、決算を迎えるお客様が5月に3件、6月に6件あるとすると、7月には合計9件の決算・申告業務を並行して行なうことになります。もちろん7月は5月決算先を優先されることになりますが、件数を考えれば、6月決算先もできるだけ進めておきたいところです。そこで、

　　□資料回収の円滑さ
　　□資料のボリューム
　　□月次試算表の精度（月次業務の充実度）
　　□決算・申告業務の難易度

などを勘案して、それぞれのお客様ごとに、

　　□業務開始日
　　□実施期間

□業務完了日

を、全体のバランスを考えて設定するのです。具体的には、**図表2-18**のようなイメージです。

　この例では、5月決算先のA社や6月決算先のD・F社は、早期に資料回収できるために、決算月翌月早々に決算書・申告書作成に取りかかることができることを示しています。また5月決算先のC社や6月決算先のD・F・I社は、「資料のボリュームが少ない」「月次試算表の精度が高い」「決算・申告業務そのものの難易度が低い」などの理由により、短期間で終わらせることができることを意味しています。

　このように、お客様ごとの特性に合わせて、お客様ごとの「実施期間」を設定します。そのうえで、その組み合わせによって、最も負担が少なく、かつ、効果的・効率的な業務バランスを実現するための「業務開始日」（結果として「業務完了日」）を設定し、「月間スケジュール」を立てるわけです。さらに、1年通して設定すれば、「年間スケジュール」を立てることも可能です。

図表2-18　スケジュールのバランスの例

決算月	対象先	6月			7月			8月		
5月	A社									
	B社									
	C社									
6月	D社									
	E社									
	F社									
	G社									
	H社									
	I社									

これらの検討は、結果としてお客様ごとの課題も明らかにすることができ、立案の時点で改善策を立案・実践することも可能になります。

また、この取り組みによって、件数だけでの判断ではなく、担当者ごとの本当の「業務負担度」を"見える化"することができるようになります。そして、最適な担当設定に向けた見直しと、「どの時期に、誰の応援・手伝いが必要になるか」の事前把握ができるようにもなり、法人決算業務の"平準化"を実現できるようになるのです。

さらには、スポットのイレギュラーな業務が発生しても、

□（最終期限を守られる範囲で）業務開始時期を延期する
□担当者を替える
□協力体制を見直す

などの対応が、発生と同時かつスムーズにできるようになります。

ぜひ、年間スケジュールを明確にし、法人決算業務全体を俯瞰して、事務所としてのあるべき姿を明確にしていただきたいと思います。

（2）「月次業務内」でのポイント

ここからは、法人決算業務の生産性向上のために、月次業務の中で行なっておくことが望ましい業務に関わる改善について解説していきます。

① 「月次業務」でできることは極力「月次業務」でやっておく

そもそも、法人決算業務の効率を悪化させる要因は、月次業務の"質"にあります。もしも、「12か月目の試算表の最終利益と、確定した決算の最終利益の差が、棚卸額を除けば、ほぼ一致している」状態であるならば、決算業務はそれほど時間がかかるものではありません。

法人決算業務の生産性向上のカギは、月次業務の精度にあるといっても

過言ではないのです。いかに月次業務の中でつくり込んでいくかが、法人決算業務の生産性向上の決め手といえます。

また、「月次決算書」としての試算表の機能・役割を考えるならば、やはり月次業務の充実は、お客様サービスの充実という観点においても重要なことといえるでしょう。

ただし、気をつけなければならないのは、49ページ以下で述べたとおり、月次業務は法人決算業務よりも効率が悪くなりやすいことです。

法人決算業務は季節業務同様、法定期限があります。また申告書類などのアウトプットの内容も決まっていて、なおかつ、その作成方法もおおむね標準化されています。ゴールが明確で、ルートが決まっていて、足切り時間があるマラソンのようなものです。担当者は、マラソンランナーのように自身の体力や健康状態、または置かれている状態などを考慮してペース配分をしながらも、全力でゴールに向かって疾走することになります。結果として、生産性が高い状態を実現することができるのです。

これに対して月次業務は、月々の法的な期限が決められているわけではありません。例年は当月に行なっていた業務を翌月に回したとしても、お客様の了解を得ることができさえすれば、問題にはなりにくいものですし、決算で帳尻を合わせることもできてしまいます。

さらに、お客様によって提出される書類もまちまちで、各種書類の作成方法も千差万別。極端な言い方をすれば、行先も決めずに、心の赴くままにそぞろ歩きをするお散歩のような状態になってしまう可能性を秘めています。生産性向上という観点においては、このような状態を放置したまま、月次業務でやるべきことを増やすことは、決して得策とはいえません。逆に、全体の生産性を阻害する要因になってしまう可能性があります。

少なくとも、月次で行なう業務を充実させた結果、お客様ごとにいただいている月次顧問料と決算料の年間合計額を、そのお客様の月次業務と法人決算業務に要した合計工数で割った「時間単価」が、改善前より下回っ

てしまうようでは本末転倒です。

　そこで、月次業務を充実させていくにあたっては、157ページ以下で解説する「月次業務におけるポイント」の業務改善と併せて検討することが肝要です。

② 決算事前検討を行なう

　多くの事務所では決算月の２〜３か月前に、「納税予測」をしていることと思います。お客様に、このままの経営状態が続いた場合の「納税予測額」をお伝えし、決算を迎える前までに行なうべき各種の対応策を検討したうえで、最終的に必要な納税資金の額とその調達方法を検討する、いわゆる「決算事前検討」は、税理士事務所にとって、最も重要なお客様サービスの１つです。

　もちろん、「納税額はできるだけ少なく抑えたい」という希望をおもちの方は多いと思います。しかし、払うべきは払わざるを得ません。よって、お客様にとって最大の関心事は、納税に関わる資金繰りといえます。具体的には、１円の過多・過少もなく「租税に関する法令に規定された納税義務の適正な実現（税理士法第１条「税理士の使命」）」をする納税額に納得していただいたうえで、

　　　□自己資金の範囲内で支払うことができるか
　　　□運転資金を考慮したうえで、どれくらい不足するのか
　　　□どこからいくら調達するか

などといった検討を行なうことになります。その点において、**必要納税予測額とともに、納税資金余力を明らかにする**ことは、税理士事務所の責務といえるでしょう。

　経営者は、売上高のめどが立ちさえすれば、おおまかな利益額は推測できるものです。しかし、資金繰りについてはそうはいきません。全く"予測不能"の状態です。そこに税理士事務所が担うべき役割があります。

その役割を担うために、お客様によっては詳細な「資金繰り表」を作成する場合もあると思います。それによって別途報酬を請求させていただくことができれば「分子の拡充」に大きな貢献をもたらします。さらにそれが"事務所方針"の実現につながるものであるならば、ぜひ事務所全体に広めていっていただきたいと思います。

また決算事前検討は、お客様にとっても、事務所サービスの充実ならびに新たな収益源の模索においても価値ある業務ですが、法人決算業務の業務改革においても、とても大切なものです。それは、

　　　□申告までの工程およびスケジュールとその内容
　　　□ご提出いただきたい資料の内容とその提出期限
　　　□決算業務に関わるお願い事項
　　　□コンプライアンスに関わる重要な説明事項

などをお伝えする最良の機会であるからです。これらの内容を、業務開始前にお客様と共有することが、円滑な業務遂行を実現するために重要な点であることは、これまでも再三にわたりお伝えしてきたことであり、ご理解いただけるものと思います。

　特に「資料回収」についての重要性はひとしおです。くどいようですが、法人決算業務においても、**資料回収のスピードとその精度が、業務の生産性を左右する**のです。

（3）決算業務遂行中のポイント

　決算はお客様にとっても１年の締めくくりとなるものですが、税理士事務所にとっても、やはり１年間の業務の総決算となるものです。その点において、１年間の振り返りと反省、そして来期に向けたあるべき姿を明確にしながら業務を遂行していくことが肝要です。

① スケジュールを意識して業務を行なう

　業務にあたっては、139ページ以下で説明したお客様ごとのスケジュールを意識して行なうことが何より大切です。具体的には、その月に決算・申告業務を行なうお客様ごとの、

　　□業務開始日
　　□実施期間
　　□業務完了日

を明確に意識して業務を行なうことです。ぜひ、作成した「年間スケジュール」に基づき、当該月の法人決算業務を実施してみてください。

② 1年間の振り返りを行なう

　業務を始めるにあたり、まず前期の決算ファイルとともに、1年間の「業務報告書」などでお客様とやりとりした内容などを確認することが大切です。特に、当期の特殊事項をもれなく洗い出すことが肝要です。

③「申し送り事項」記録を残す

　業務中においては、翌期以降の決算、および月次に行なうべき事項、ならびに留意すべき事項などを明らかにし、きちんと記録に残しておくことが肝要です。確定申告業務と同様、業務手順書および業務進行チェック表に基づいて業務を実施するなかで、

　　□前期になかった資料が追加になった場合は、そのスキャンデータを
　　　記録に残す
　　□回収が滞った資料があれば、その内容と改善策を記録に残す
　　□当期新たに発生し、来期以降も継続して行なうべき内容は、法人決
　　　算業務の業務手順書および業務進行チェック表に追加記入する
　　□何かあるたびに、翌期に引き継ぐべき事項を記録に残す

ことが大切です。いずれにしろ、もれのない申し送りをするためには、後から思い出しながら拾い出しをするのではなく、発生・発見したその都度行なうことが、生産性の高い業務の実現につながります。

　前期がないお客様については、**決算作業をしながら、業務手順書および業務進行チェック表を作成する**とよいでしょう。

　業務手順書の作成については65ページ以下を、業務進行チェック表の作成については79ページ以下を改めてご参照いただければと思います。

　特に、工程ごとにどれだけの工数がかかったかを記録しておくことが肝要です。次項でお伝えする、業務終了後に行なうべき決算料の妥当性の判断をするとともに、翌期の目標工数算出の目安にすることになります。

④ 概算税額に差異が生じた場合の変更連絡を怠らない

　業務遂行中に一番意識しておかなければならないことは、お伝えしている概算税額に差異が生じた場合に、適時適切にその事実をお伝えすることです。業務遂行中は、どうしても作業に没頭して、ついついお客様の存在を忘れてしまいがちです。生産性向上のためにも、集中して業務を行なうことはとても大切なことですが、「お客様は待っていらっしゃる」ことを、決して忘れてはなりません。

　私ども名南コンサルティングネットワークの創業者・佐藤澄男は常々、**「職商人（しょくあきんど）になれ」**と言っておりました。優れた職人として、高品質で価値あるものをつくるとともに、商人として、お客様の心を常にわが心として接することの大切さを教わったものです。

　また、「前にお伝えすれば“説明”、後でお伝えすれば“言い訳”」ともいわれます。“税額”という、お客様にとって最も関心が高く、かつデリケートなテーマに関して、**何かあったらその場ですぐにお伝えする**ことは、まさに“職商人”としての最低限の役割といえるのではないでしょうか。

⑤　工数を意識して業務を行なう

　あとは、業務手順書に従って業務を行なうのみです。その際、意識していただきたいのがやはり工数です。目標工数を意識しながら業務を遂行していただきたいと思います。

（4）業務終了後のポイント

　法人決算業務におけるポイントの最終章として、業務終了後に行なうべきことについて解説したいと思います。基本的には、確定申告業務に準じるものとなります。

①　時間単価の改善を図る

　まずは、時間単価の把握を行ないます。法人決算業務においては、月次業務を含めた評価を行なう必要があります。141ページ以下でも解説したとおり、法人決算業務の生産性向上のカギは、月次業務の精度にあるとともに、月次業務の総決算が法人決算業務であるといえるものだからです。

　よって、お客様ごとにいただいている月次顧問料と決算料の年間合計額を、そのお客様の月次業務と法人決算業務に要した合計工数で割った時間単価を算出し、定量的な評価を行なうことになります。

　ここで算出された時間単価は、**業務そのもののあり方・進め方や顧問料の見直しのベースとなる**ものです。

　45ページで述べたとおり、お客様ごとの時間単価"下限値"は、おおむね5,000円〜6,500円でしたので、これを下回るお客様に関しては、下記のステップで見直しをしていく必要があります。

Step1 　所内業務のあり方・進め方を見直す

　まずは、業務のあり方・進め方そのものに問題はないかを検証します。36ページで説明した《改善の着眼点》を再度記します。これらの改善点を洗い出し、具体的な改善を図っていきます。

《改善の着眼点》

①作業・工程そのものをやめてしまうことはできないか？

②作業・工程そのものを簡単にすることはできないか？

③作業・工程を他の人・モノ・方法で代替することはできないか？

④作業・工程の順序を変更することで時間短縮できないか？

⑤複数の作業・工程を一緒にすることで時間短縮できないか？

⑥複数の作業・工程を並行して行なうことで時間短縮できないか？

Step2 お客様に改善していただく点を明らかにし、依頼する

　所内の改善を実施してもなお、十分な時間単価の改善が実現できない場合は、お客様側に改善をお願いしていくことになります。具体的には、47ページでもお伝えしたとおり、

　　□本来、お客様にやっていただかなければならない業務を引き受けてしまってはいないか

　　□お客様固有の業務内容が存在し、他のお客様には要しない工数がかかってしまっていないか

　　□本来は報酬をいただかなければならない業務を、無償で提供してしまってはいないか

などといった視点で検証し、お客様との役割分担の見直し、ならびに提供サービスの取捨選択を行なうのです。そして、

　　□資料回収や、不明点の問い合わせなどへの対応に、改善していただきたい点はないか

を検証し、具体的な改善のお願いをしていくことになります。

Step3 顧問料を見直す

　所内の改善を図り、お客様に依頼すべきことは依頼してもなお、適正な時間単価を実現することができなければ、顧問料改定の交渉をしていくしかありません。

> 「当所では、最低1時間あたり5,000円はいただきたいと思っておりますが、残念ながら御社は4,000円を切っている状態です」
> 「これまで私どもも、○○といった努力を積み重ねてきました。また御社にもいろいろとご協力をいただいてきましたが、それでもなお、5,000円には届いておりません」
> 「（業務内容の一覧表などを示しながら）いま、御社からは、このような業務を承っています。この業務内容をこのまま続けさせていただく場合、顧問料の見直しをお願いできないでしょうか？」

といったように、具体的な交渉をしていくことになります。この際、業務ごとの具体的な料金を示した「料金表」や「報酬規程」など（以下、「料金表」）が用意できていれば、より交渉がしやすくなるでしょう。

　また、交渉の結果、顧問料の見直しが実現できれば、改めて契約書を取り交わすことをおすすめします。顧問料を明記したうえで、その顧問料に含まれる業務内容を限定列挙して、契約書を結び直すのです。そして掲載された業務内容以外の業務については、別途費用をいただく契約にしておけば、その後発生する契約外のサービスに対して、請求しやすくなります。

　なお、契約内容の見直し交渉については、より詳細な「業務報告書」を残されることをおすすめします。改めて交渉が必要となった場合に、過去の交渉履歴が残っていれば、注意しなければならないことや交渉のポイントを把握したうえで、交渉を行なうことができるようになるからです。

② 「納期達成率」の改善を図る

　本書で進める業務改革においては、時間単価とともに「納期達成率」が

重要です。138ページで記した工程ごとの納期の達成率を確認しておく必要があります。図表2-17の法人決算目標の例で定めたような工程ごとの期限目標の実現度を明らかにし、

　　□工程ごとの納期が守れたかどうか
　　□守れなかったとしたら、何が原因か
　　□翌期に実現するためには、どのような対策を打つ必要があるのか

といった検証を行なうことになります。

③ 記録に残す

　時間単価と納期達成率を把握することは、業務改革において欠かすことができない内容です。そして、その履歴は、ぜひ記録に残しておきたいものです。「お客様カルテ」「改善履歴」欄を設けて管理するなど、過去の履歴がワンストップで閲覧できるようにしておくとよいでしょう。

　記載内容としては、単に行なった改善策だけでなく、

　　□改善前の状況や問題点
　　□改善効果

なども記録しておくとよいでしょう。重要な引継事項として、後任者とお客様との好ましい関係構築の一助となるものです。

2-⑪ 自計化を検討する

次項にて、「月次業務」の業務改善について解説していきますが、その前に「自計化」について考えておきましょう。

（1）自計化の本質的意義と価値

現状、自計化に明確な定義はないようですが、ここでは、**「証憑書類の整理、各種帳簿の作成、会計ソフトへの仕訳入力といった一切の会計処理業務を、お客様ご自身で行なえる状態を実現すること」**と定義付けます。

その自計化の本質的意義は、**お客様自身が、自社の経営状況をタイムリーに把握でき、結果として、迅速かつ的確な意思決定につなげることができる**ことにあります。

"タイムリー（timely）"とは、「タイミングがよいさま」「好都合なさま」「折よく」「時宜に適って」などと訳されます。よって自計化においては自社の経営状況について、「知りたいときに、知りたい内容を、知りたいレベルで知ることができる」状態を実現する必要があります。

そして、その結果、

□経営方針に沿った運営ができているか
□経営目標に対して未達になっている項目はないか
□このままの状態で経営目標を達成することはできそうか
□できないとすれば、どこにメスを入れる必要があるか

などといった検証が、適時適切に行なえるようになるのです。

また、これらの検証を行なう習慣をつけることで、問題発見の感度が研ぎ澄まされ、早期に発見・対処できるようになります。結果として、経営改善が常に行なえるようになり、目標達成の実現度をよりいっそう高めていけるようになります。このような状態をお客様に実現していただくことは、「適正な納税義務の実現（税理士法第1条）」を使命とする税理士事務所にとって、とても重要な役割であるといえるでしょう。

　一方で、自計化においては、お客様にとって「自社の経営状況がタイムリーに把握できるようになる」ことのみならず、**税理士事務所から、より付加価値の高いサービスや提案を受けられる**といったメリットがないと、なかなか進まないのが現実です。逆に、この点が十分に訴求されていなければ、「税理士事務所が楽になるために負担を強いられる」といった誤解を生むことになる可能性が高いものです。

　そもそも、中堅・中小企業の経営者が何らかの悩みを抱えたとき、実に70％以上の経営者が税理士事務所に相談するというアンケート結果があります。また、少し古いデータになりますが、平成22年11月に発表された「中小企業の会計に関する実態調査」（中小企業庁）において、「経営者が会計事務所に望むこと」という調査結果が公表されていますが、中小企業経営者が会計専門家に最も望むサービスは、「決算書類等の分析、経営指導・助言等」となっています。

　こうした点を考えると、自計化の実現により捻出した時間を、より付加価値の高いサービスや提案に転換していく必要があるといえるでしょう。

（2）　自計化を実現するために

　一方で、これまで自計化していなかったお客様にとっては、

　　□会計業務を行なう人材が必要となる
　　□経理処理を行なうための専門知識が必要となる

　　□作業量が増える
　　□新たな設備や備品の購入が必要となる場合がある

といった新たな負担がかかってしまうのも事実です。ここに、自計化が進まないもう1つの原因があるといってもよいでしょう。しかし、「できない理由があるから、本来行なわれるべきことが行なわれない」というのは本末転倒であり、決して好ましいものではありません。

　自計化の取り組みにおいてまず大切なのは、お客様の**経理全般の業務を根本から見直し、徹底的に効率化を図ることで、お客様の負担を減少させる**ことです。ITシステムやクラウドサービスなどの進化により、以前に比べて格段に経理業務の効率化を図りやすくなっています。時代が自計化の流れを後押ししてくれているといえるでしょう。

　また、自計化の推進においては、

　　□業務知識
　　□業務手順
　　□会計ソフト利用
　　□作業手順
　　□チェック業務
　　□データ監査方法

などに関するアドバイスを行なっていくことが欠かせません。
　さらに、自計化を現実のものとし、定着させるためには、

　　□早くて正しい業務実現に向けた動機付け
　　□業務に対する抵抗感の排除
　　□初期に発生する不平・不満の撲滅

が何より大切です。特に、自計化された業務の担当になっていただいた方に対しては、

- □この仕事が会社にとってどれだけ大切なものかを徹底的に理解・納得していただく
- □達成感が得られるような仕事の依頼の仕方をする
- □達成状況・成長状況を常に把握し、褒めるべきところはきちんと褒めてあげる

といった点を心がけていただくとよいでしょう。

（3）税理士事務所側の価値を実現するために

　さて、自計化の実現は、税理士事務所にとっても、「作業負担の減少」という大きな効果をもたらします。人がなかなか採用できない現状においては、検討の価値の大きなテーマといえるでしょう。また、

- □資料回収に関わる手待ち時間がなくなる
- □不足資料の回収に関わる二度手間がなくなる
- □（現物を預かる場合）紛失のリスク、保管・管理に関わるコスト、および発送の手間が減る

などといった、職員1人ひとりの具体的な負担軽減につながる、重要な取り組みの1つといえます。

　しかしそれは、自計化のあるべき姿が実現している場合に限ります。

　自計化のあるべき姿とは、完全データ監査であることです。「完全データ監査」とは、

- □お客様から送られてきたデータをチェックし

　　　□修正が必要な箇所を指摘し
　　　□先方にてデータ修正を行なっていただく

状態、すなわち、税理士事務所側では、会計データに一切触れない状態を
指します。完全データ監査が実現できなければ、修正箇所が多ければ多い
ほど、こちらの手間は増えていくことになります。
　**実際に人が入力したものをチェックしながら修正するよりも、自ら入力
したほうが早い**ものです。せっかく自計化を受け入れていただいたのに、
修正しなければならない箇所があまりに多いようであれば、お客様に苦手
なことをやってもらっているにもかかわらず、当方の手間は減らないどこ
ろか増えてしまいます。そのうえタイムリーな経営状況の把握につながっ
ていないのであれば、それこそ「何をやっているかわからない」状態にな
ってしまいます。

　そこで、自計化の提案の検討をするにあたっては、

　　　□お客様の協力度
　　　□お客様の経理業務の実態
　　　□経理担当者の知識・経験・能力

などの観点から、その可能性を探ります。
　また、現在自計先であったとしても、改めて検証し直した際、このまま
指導を繰り返しても、現状では完全データ監査の実現が困難であると判断
した場合は、いったん記帳代行に移行していただき、所内にて標準化を進
めたうえで、「改めて自計化の提案ができるときを待つ」という姿勢も必
要だと思います。
　お客様を区分する意義や視点などについては、52ページ以下を再読いた
だくとよいでしょう。また自計化におけるお客様区分については、次ペー
ジ**図表2-19**を参考にしていただければと思います。

図表2-19 自計先のお客様区分の例

区分	内　　容	標準化までの目安
A	すでに完全データ監査になっている、もしくはアドバイスによって移行できると思われる先	半年～1年
B	指導を要するが、いずれ完全データ監査に移行できると思われる先	1年～2年
C	いったん記帳代行に移行し、所内にて標準化を進めたうえで再提案をしたほうがよいと思われる先	3年
S	いまのやり方を変更できない先	採算がよければ特別対応

2 ⑫ 「月次業務」における ポイント

　自計化の価値を再認識いただいたところで、「月次業務」の具体的な改革のポイントについて考えていきたいと思います。

（1）初期指導のポイント

　すでに解説したとおり、お客様ごとの標準化のしやすさは、おおむね54ページの図表1-20のように区分されます。図表にある「割合」は、私どもの経験則によるものです。

　ぜひ既存のお客様を分類してみてください。それぞれの区分ごとの検証結果は、この「割合」のおおむね±５％の範囲に収まるのではないかと思います。

　この割合によれば、すでに事務所標準に近い、もしくは１年以内に標準に乗せることができるＡ先のお客様の割合は30％前後にすぎません。すでにお客様標準を受け入れてしまっている既存のお客様を、新たに定めた事務所標準へ移行していただくことの難しさの表われといってよいでしょう。

　しかし、新規先であれば話は別です。**徹底した「初期指導」によって、最初から事務所標準を導入できる**可能性が高いのです。

　そのためにはまずは、お客様の経理の現状をそのまま受け入れること自体を否定しなければなりません。お客様のやり方をそのまま受け入れることは、一時的にはお客様に喜んでいただけるのかもしれません。しかし、前項でも説明したとおり、本来の理想は自計化にあります。**自計化という理想の状態に少しずつでも近づいていただくように導いていくことこそ**が、「納税義務者の信頼」に応えた「適正な納税義務の実現」（税理士法第

1条）という使命を果たすことになるとの認識が必要です。

　さて、初期指導にあたっては、まず現状分析を実施します。勘定科目ごとの経理処理の実態を明らかにするのです。具体的には、会計ソフトへの入力の元となっている、勘定科目ごとの証憑書類や各種帳簿などについて、

　　　□どのようなものがあるか
　　　□どのように収集・作成・保管されているか
　　　□会計ソフトへの入力は、どのようになされているか

などの現状を明らかにするのです。たとえば、「現金」勘定であれば、次のような状況が想定されます。

　①領収書やレシートが、ひとまとめに置かれている。
　②領収書やレシートが、月別に整理されている。
　③領収書やレシートが、月別・科目別に整理されている。
　④「現金出納帳」が記帳されている。
　⑤「現金出納帳」がエクセルで作成されている。
　⑥お客様ご自身で会計ソフトに入力されている。
　⑦各種クラウドサービスと連携され、会計ソフトへのデータ自動取り込みができるようになっている。

　自計化という観点でいえば⑥の状態が理想です。さらに⑦の段階まで進んでいるようであれば、お客様もかなり手間を少なくすることが可能な状態といえるでしょう。しかし、仮に①の状態であったとすれば、いきなり⑦の状態にもっていくのは困難です。①から②、②から③と、１つずつ"ランクアップ"してもらえるように指導していくことが肝要です。

　お客様の経理処理状況の実態が明らかになれば、次に、あるべき姿の実現に向けて、少しでもランクアップしていただくための改善策を検討して

いくことになります。

　具体的には、

　　□改善を要する経理処理方法は何か
　　□改善を実現するためには、どのような取り組みが必要か

を検討し、実施していくことになります。

　しかし、初期指導によって、すべての改善がなされるとは限りません。もちろん、初期指導時にすべて解決できればよいのですが、現実的には難しいものです。そこで、初期指導の段階で解決できる問題は解決し尽くしたうえで、

　　□現状において、ランクアップが困難と思われる項目は何か
　　□将来、その項目を改善するためには何が必要か
　　□当面の次善策として、お客様と事務所双方が負担すべき作業は何か
　　□最終的な自計化実現に向けて、お客様と事務所双方がどのような課
　　　題を認識し、解決していく必要があるか

といった検討を実施し、「経理改善計画」を立案します。そして、経理改善計画に基づいて、お客様と担当者が協力しながら課題を1つずつ解決し、理想への階段をのぼっていく、そういう姿勢で進めることが大切です。そして、自計化という頂上に向けて、お客様と一緒になって登頂の喜びを感じていただければと思います。

　なお、改善策の立案においては、36ページで説明した《改善の着眼点》を参考にしていただくとよいでしょう。

　さて、スタートアップ期のお客様に対する初期指導は、さらに重要性が高まります。**はじめから好ましい状態を当然のこととしてスタートしていただくことができる**からです。よってスタートアップ期においては、先の

「現金」勘定における状況でいえば、最初から⑦の状態を目指して指導していくことが大切です。

17ページ以下で説明したとおり、資本金額100万円以下の法人は、増加傾向にあります。スタートアップ期の企業が増えている証左といえるでしょう。もちろん、スタートアップ期のお客様からは、これまでのお客様と同等の顧問料をいただくことは困難かもしれません。しかし、お客様と事務所双方が手間のかからない方法を導入できれば、高い時間単価を実現することも可能です。

繰り返しになりますが、月額顧問料を50,000円いただいていたとしても、月次業務に10時間かかるのであれば、時間単価は5,000円です。一方で、仮に月額顧問料を10,000円しかもらえなかったとしても、月次業務に1時間しか要しなければ、時間単価は10,000円です。単純な金額比較でいえば、前者のほうが収益に貢献しているといえますが、生産性という観点では、後者のほうが優れているといえます。要するに、いままでのやり方では「合わない」かもしれませんが、新たに現われたマーケットに対して、そのマーケットにマッチしたやり方を模索し、確立することができれば、魅力的なマーケットになり得るのです。

その観点においても、初期指導はスタートアップ期のお客様に対して、特に重要なテーマといえるのです。ぜひはじめから理想の状態を実現するつもりで指導していただきたいと思います。

（2）資料回収時のポイント

すでに述べたとおり、作業開始前に、作業そのものを最も効果的・効率的に行なうことができる状態になっていることが大切です。

特に会計処理業務において、その精度とスピードが最も問われるのは、自計先にしろ、記帳代行先にしろ、**証憑書類の整理および各種帳簿の作成**といえるでしょう。記帳代行先については、さらに**スムーズな資料回収**という要素が加わります。

　前者の改善については、前項で詳しく説明しましたので、本項では、スムーズな資料回収に絞り、なおかつ109ページ以下で述べたビフォーチェックリストをベースにしながら、月次業務特有の内容について補足的に解説していきます。

① お客様ごと、月ごとに「ご提出資料一覧表」を作成する

　次ページの**図表2-20**「ご提出資料一覧表（月次業務用）」をご覧ください。ご提出資料一覧表においては、他の業務と同様、

　　□お客様ごとに（A）
　　□資料名の記載の並び順を、できるだけ事務所標準として統一したうえで、お客様ごとの個別事情に鑑みて（B）
　　□「通帳コピー」であれば口座ごと、「借入返済予定表」であれば借入れの内容ごと（C）

など、提出していただきたい資料の内容を具体的に明記し、その資料ごとにチェック・確認できるようにすることが肝要です。

　また、113ページの図表2-12「現金納付の場合の納付期限」で示した納付書などのように、毎月は必要ないけれども、特定月にのみ必要となる資料もあります。よって「ご提出資料一覧表」は、

　　□月ごとに（D）
　　□その月のみに必要となる資料を明記する（E）

ことで、より精度が高まります。

　なお、1年に1回しか必要のない資料ですと、「どんな資料だったか覚えていない」お客様もいるかもしれません。その可能性がある場合、前年に回収した資料の写しを添付するなど、確実に回収できるような工夫をするとよいでしょう。

図表2-20 ご提出資料一覧表（月次業務用）の例

ご提出資料一覧表

お客様名：　【A】　名南株式会社　　様　【D】 11　月分

【B】 ご提出いただきたい資料	【C】	枚数	提出期限	当所 チェック欄
□通帳コピー	□普通預金：○○銀行	枚		
	□普通預金：△△銀行	枚		
	□普通預金：□□信金	枚		
	□当座預金：○○銀行	枚		
	□当座預金：□□信金	枚		
□現金出納帳		枚		
□売掛金・受取手形一覧表		枚		
□買掛帳・支払手形一覧表		枚		
□クレジットカード明細書		枚		
□給与台帳	【C】	枚		
□ 借入返済予定表	□ 短期借入金：○○銀行	枚		
	□ 長期借入金：○○銀行	枚		
	□ 長期借入金：□□銀行	枚		
【E】		枚		
□個人の事業税（第2期分）の納付書		枚		
□所得税予定納税（第2期分）の納付書		枚		
		枚		
		枚		
		枚		
		枚		
		枚		
		枚		

※お客様の状況につきましては、極力把握するように努めておりますが、処理もれの防止とできる限り速やかに対応するため、別紙の「特殊事項チェックリスト」の確認と記入をお願いいたします。

※不明な点は、ご遠慮なく担当者もしくは事務所までご連絡ください。

② 通常月にない取引をタイムリーに把握できるようにする

こちらもすでにご説明したとおり、自計化の本質的意義は、「お客様自身が、自社の経営状況をタイムリーに把握でき、結果として、迅速かつ的確な意思決定につなげることができる」ことにあります。そう考えると**月次試算表は、迅速かつ的確な意思決定の源泉**といってもよいでしょう。

そうであれば、迅速性は自計先に多少劣るとしても、記帳代行先においても、試算表は的確な意思決定に資するものにしなければなりません。

「12か月目の試算表の最終利益の額と、棚卸しを除く確定した決算の最終利益の額を限りなく近づけるのがわれわれの責務」とおっしゃる先生がいますが、まさにそれくらいの思いで月次業務にあたらなければならないのかもしれません。少なくとも、「決算で帳尻を合わせればよい」という考えではいけないといえるでしょう。

しかし、会社は生き物ですから、通常月にはない取引が発生することも少なくありません。「ご提出資料一覧表に記載された資料だけを回収していれば事足りる」というわけにはいかないのです。通常月にない取引を見逃しては、的確な意思決定に資する試算表をご提供することができなくなってしまいます。そうならないよう、114ページ図表2-13で紹介した「特殊事項チェックリスト」のような帳票を用意し、取引発生後、できる限り速やかに把握・確認できる状況をつくり出し、発生月の試算表にもれなく反映させていくことが大切です。

なお、特殊事項チェックリストに記載されている取引は、一過性のものであることが多いのですが、発生以降、毎月回収が必要となる資料である場合は、翌月以降ももれなく回収する必要があります。そこで、そのような資料が発生した都度、ご提出資料一覧表を加筆・修正していくことが肝要です。

③ 資料提出期限を取り決める

季節業務や決算業務においては、極力、すべてのお客様に共通する期限

を設定することが肝要ですが、月次業務においては、なかなか難しいのが実情です。そこで月次業務においては、お客様ごとに期限を設け、お客様の同意を得ておくようにしましょう。

　もちろん、その実現はお客様のご協力に委ねざるを得ませんが、少なくともお客様の心の中に、「〇日までに出さないといけない」といった意識をもっていただくことが大切です。前述のとおり、期限を明示しただけで資料回収が早まったという事例は、少なくありません。また、期限を明示することで、催促のご連絡が入ることへの抵抗感も薄れるものなのです。

④ お客様とともに理想の状態を目指す

　上記のような取り組みを通じてようやく、**あるべき資料が、あるべきときに、あるべき方法で揃っている**とはどのような状態かが、お客様と共有できるようになります。この"理想の姿"を、お客様と共有できることが何より大切です。

　そしてその理想に対して、"そうではない現実"が生じている場合、

　　　　□どうして理想の状態が実現できないのか
　　　　□どうしたら理想を実現できるか
　　　　□そのために、それぞれが取り組まなければならないことは何か

などについて、毎月お客様とすり合わせをしながら、一緒になって理想の実現に邁進していくことになります。

　人は、「〜したい」「〜ありたい」「〜なりたい」と思うあるべき姿、すなわち理想の姿と、残念ながらそうではない現実とのギャップをきちんと認識したうえで、そのギャップを埋めるための努力を続ける日々の充実感と、そのギャップが埋まったときの達成感に対して幸せを感じる生き物といわれています（**図表2-21**）。

　ぜひ資料回収においても、お客様ごとの理想の姿を明確にし、そうでは

図表2-21 ギャップと埋める努力と"幸せ感"の関係

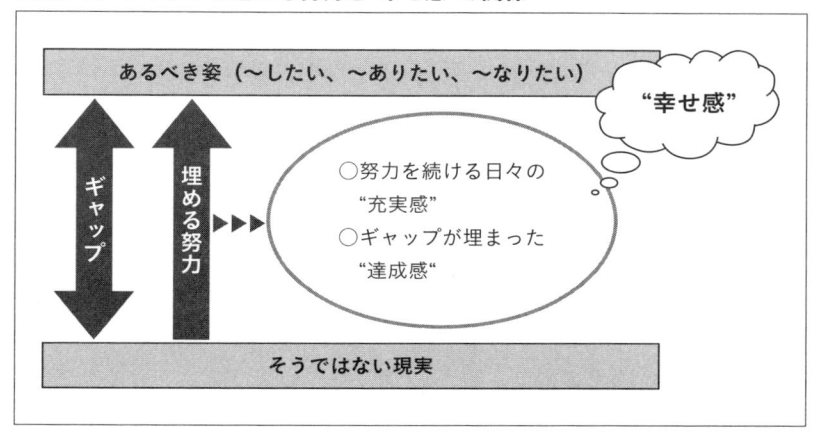

ない現実を１つひとつ打開していく達成感と充実感を得ながら、理想を現実のものとすることで、お客様と一緒にその幸せを感じていただきたいと思います。

　また、資料回収における理想が現実のものとなったということは、**資料の整理・作成状況が、自計化を実現できるレベルに達した**ことを意味します。この段階で、ぜひ一度、自計化の検討をしていただければと思います。

（3）業務遂行時のポイント

　月次業務の改善の最終項として、業務遂行時のポイントをお伝えしていきます。

　月次業務もまた他の業務と同様に、「誰が」「何を」「何の目的で」「どのような手順で」行なうかを明確にし、事務所として最も効果的・効率的なやり方に集約された「月次業務手順書」に基づき、お客様ごとの業務の進行状況を把握するための「月次業務進行チェック表」に従って業務を進めることになります。また、工程ごとに役割分担をしている場合、別途作成された「作業指示書＆確認書」で作業内容を確認しながら実施していきます。

本来、これらの帳票は、事務所標準としてすべてのお客様に共通するものでなければなりません。それは、事務所として最も効果的・効率的なやり方を模索した結果、できあがっているものであるはずだからです。

　ところが、特に月次業務においては、お客様ごとに個別の事情が数多く存在し、標準どおりになっていないことが多いものです。それでは最も効果的・効率的な業務遂行の実現は永遠にかないません。

　そうならないよう、月次業務の遂行時に常に意識していただきたい点について、以下に述べていきます。

① Ｓ先を除くすべてのお客様を、できる限り事務所標準に近づけていく
　具体的には、以下のステップを繰り返していくことになります。

Step1 事務所標準と相違する部分（例外事項）を常に意識して業務を行なう。

Step2 相違する部分について、どうしたら事務所標準に近づけることができるか、その対策を検討する。

Step3 お客様とともに、その対策を実施する。

　154ページ以下で説明したとおり、月次業務の理想の姿は、「完全データ監査」といえます。よって、最終的には54ページで示したＳ先を除くすべてのお客様がその理想を実現できるように、日々改善を繰り返していくことが大切です。

　その中でも特に力を入れていただきたいのが、Ａ先のお客様です。Ａ先のお客様が最も事務所標準に近い先ですから、ほかのお客様に比べて、理想の実現も早いはずです。人は達成感によって幸せを感じるものです。そして、その達成感はさらなる達成感を得ようとする原動力にもなります。まずは、Ａ先に力を入れていただきたいと思います。

　一方で、お客様ごとの業務改善にあたっては、これもすでに述べました

が、お客様ごとの時間単価を常に意識することが大切です。

　事務所標準は、事務所として最も効果的・効率的な方法を明らかにしたものですから、本来は、事務所標準に近づけば近づくほど、時間単価は向上していくはずです。しかし、事務所標準どおりに業務を進めているにもかかわらず、それでも時間単価の下限額を下回るようであれば、根本的な問題があるとの認識が必要です。要するに、顧問料の見直しを検討する必要があるということです。

　また、事務所標準に近づいているにもかかわらず、時間単価にあまり変化が見られないようであれば、それはどこかにそのお客様固有、ないしは担当者固有の問題があるとの認識が必要でしょう。そのような場合は、お客様の姿勢や担当者の能力など標準実現以外の問題を解決していかなければなりません。

　いずれにしろ、お客様ごとの月次業務の遂行時には、**事務所標準に近づけながら、時間単価を改善していく**ことを常に意識しておくことが大切です。

② 事務所標準を、よりいっそう"ブラッシュアップ"していく

　お客様ごとの改善とともに、月次業務の遂行時に意識しておくべきことがあります。それが、事務所標準を、よりいっそうブラッシュアップしていくという視点です。

　現状の事務所標準も、決して完全なものとは言い切れません。改善の余地は、間違いなくあります。さらには、ＩＴシステムやクラウドなどの進化に伴い、より効果的・効率的な作業の進め方が生まれる可能性もあるでしょう。常に「より効果的・効率的な方法はないか？」と模索し、事務所標準そのものの見直しをしていくことが大切なのです。

　そのためにもＡ先のお客様は重要です。事務所からのお願い事も快く受け入れてくださるＡ先のお客様のご協力を得ながら、常に事務所標準をブラッシュアップさせていきましょう。そして、そのプロセスで生じる様々な課題の克服方法を明らかにして、他のお客様に応用していくのです。

すでに述べたとおり、月次業務は、最も標準化することが難しい業務です。そして、その成果を得るのには多大な時間がかかるものです。しかし、税理士事務所業務の中で、最もウェイトの大きな業務であることも間違いありません。

　よって、月次業務において、すべてのお客様を、できる限り事務所標準に近づけていくことと、事務所標準をよりいっそうブラッシュアップしていくという2つのテーマに不断に取り組んでいくことこそが、結果として、税理士事務所全体の業務改革において、最も大切なことといえるのです。

　そして、このような取り組みを通じて、お客様にとっても、事務所にとっても、職員にとっても理想の状態を実現していっていただきたいと思います。

第 3 章

個々人の仕事の仕方を再構築する

3 ① 「段取り力」を高める 価値と意義

　第2章では、事務所内の各種業務で利用する諸資料や仕事の進め方を改革の対象として取り上げ、その標準化を通じて、事務所として最も効果的・効率的な業務のあり方を目指す視点をお伝えしてきました。

　業務の標準化が実現できれば、あとは、**徹底してその標準を実行し、浸透させ、さらに進化させ続けていく**のみです。ぜひ決意と覚悟をもって推進していっていただきたいと思います。

　ただし、実際にその標準を実行し、進化させていくのは"人"です。いかに素晴らしい標準ができあがったとしても、人が効果的・効率的な動きができなければ、その標準は、絵に描いた餅となってしまいます。職員1人ひとりの"意識"と"行動"によってその実現度が左右されるものであり、仮に一時的に成果を上げることができたとしても、放置すれば元に戻ってしまうことさえあります。職員の意識と行動の改革があってはじめて根付くものといえるのです。

　一方で、意識と行動の改革が実現すれば、業務改革は継続的に実現され、繰り返されていくことにもなります。投入する経営資源の主役が人である私たち税理士事務所においては、人の意識と行動によって業務改革が日常的に繰り返される組織をつくることを目指しましょう。

　そもそも、効果的・効率的な業務を実現するためには、**業務のありようそのものを抜本的に改革する（業務改革）**とともに、**職員1人ひとりの発揮能力を向上させる（発揮能力向上）**の両面が必要です。

　業務改革の実現の筋道が見えてきた現段階においては、「発揮能力向上」、すなわち職員1人ひとりの働きの成果をいかに高めることができる

かがポイントとなります。そこで本章では、職員1人ひとりの発揮能力を向上させるためには何が必要かについて考えていきたいと思います。

「発揮能力向上」を実現するためには、おおむね3つのテーマがあります。それは、

①「保有能力（知識・技能）」を高める
②「段取り力」を高める
③仕事に対する「意欲」を高める

ことです。

「保有能力」を高めることは当然ながらとても大切です。労働集約型産業である税理士事務所においては、職員の能力向上が最も重要な課題であることは、誰しもが認めるところです。しかし、どんなに保有能力を高めても段取りが悪ければ、せっかく保有している能力も十分に発揮することができません。

限られた時間の中で、保有している能力をいかんなく発揮し、最大の成果を上げるために必須のスキルが「段取り力」です。よって、発揮能力を向上させるには、段取り力の向上が欠かせません。「意欲」の必要性にいたっては、説明するまでもないでしょう。

しかし多くの税理士事務所において、職員の方々の段取り力が十分に高いとはいえない状況にあります。その原因は、

● 他者との調整が必要な業務が多い
● 突発的に発生する業務が多い
● 予定が自由に決められる

などにあります。結果として、

- 他者（お客様・上司・同僚・部下など）に振り回される
- 想定外の業務の発生によって、予定が遅れ遅れになっていく
- 必要以上の時間を要してしまう

など決して好ましくない状況が生じやすいのです。こうした現状にあっては、業務の標準化だけで生産性の向上を実現することはできません。

　では、なぜそのような状態になってしまっているのでしょうか。そもそも「段取り」とは、「事を運ぶための順序」「事がうまく運ぶように、前もって手順を整えること」「手はず」などを意味します。

　しかし多くの人が、**実施日時を確保して終わり**といった状態になってしまっています。たとえば、きょう訪問した先で次回の訪問日を決定し、手帳に書き入れ、その前日に準備の予定を入れて段取り終了、といった感じです。しかしこれはあくまでも「予定を決めた」だけであって、決して「段取りした」とはいえません。さらに「その前日に準備の予定を入れる」という点が大問題です。これでは、他者や突発業務に振り回される事態を回避することはできません。

　そこで、どのようにすれば段取り力を高め、より効果的・効率的な業務を実現する“段取りの達人”になることができるのか、本章では、その要件について解説していきます。1つでも多くの要件を身につけ、段取り力を高めていっていただければと思います。

3-②　段取り時点における ポイント

　それでは、より効果的・効率的な仕事の仕方を実現する方法を身に付けた"段取りの達人"になるためのポイントを解説していきましょう。

　まずは、段取り時点におけるポイントです。

（1）業務発生時点で段取りする

　第一の要件は、業務発生時点で段取りすることです。

　第2章でもお伝えしましたが、ドイツの心理学者、ヘルマン・エビングハウスによれば、人は、20分後に42%、1時間後に56%、1日後には74%忘れてしまうそうです。これは意味のない3つのアルファベットの羅列を記憶する実験によるデータですので、意味のある物事であれば、記憶される確率はもう少し高まるでしょう。

　しかし重要なのは、人間は忘れる生き物であるという事実です。そうであるならば、「後から考える」こと自体が、効果的・効率的な仕事の実現を阻害する最大の要因と認識する必要があります。

　よって、段取りの達人になるためにはまず、業務発生時点で段取りすることが、欠かすことができない要件といえるのです。

（2）業務の終わりの姿を明確にする

　第二の要件は、**業務の終わりの姿（最終完成物）を明確にする**ことです。すなわち、「何ができたらその業務が終わったといえるのか」を明確にしてから業務を始める、という姿勢こそが大切です。

　この点については、第2章で解説した「業務手順書」「業務進行チェッ

ク表」「作業指示書＆確認書」などの作成方法においても、その必要性を繰り返しお伝えしてきました。

　"事務所標準" を構築するうえで最も重要な要素の1つであったこの視点は、

- ●お客様からのご依頼・ご要望
- ●所長や上司からの指示・命令
- ●同僚・部下からの問い合わせ・頼まれごと

などといった、日常的に発生する突発的な業務に対しても必要です。

　このような標準化されていない業務が発生した場合は、発生段階ですぐに「何ができたら業務が終わったといえるのか」を明確にする習慣を身につけなければなりません。そのゴールが明確でムダのないものであれば、間違いなく効果的・効率的な業務を実現することができるでしょう。

　逆にそのゴールが曖昧である、もしくはムダなものが含まれているようであれば、その後どれほど効率よく仕事をしようとしたとしても、結果として効果的・効率的な業務の実現は困難なものといえます。段取りの達人になるためには、**業務発生時点で業務の終わりの姿を明確にする**ことが大切なのです。

　具体例を示しましょう。あるお客様から、「助成金の申請をしたいので、アドバイスをしてほしい」という依頼を受けたとします。大事なのは、「業務発生時点で業務の終わりの姿を明確にする」ことですので、依頼を受けたその時点でその設定を行ないます。

　また、今回は依頼者が存在しますから、業務の終わりの姿がその依頼者の思い描いているものとズレがあってはいけません。そこで、担当者から次のようなお話をさせていただくことで、業務の終わりの姿を明確にしていきます。

「すみません。私自身は申請のお手伝いをしたことがありません。ですが、私の上司が以前お手伝いをさせていただいたと聞いています。そのときの資料が残っていると思いますから、固有名詞をマスキングしてその控えをお持ちしようと思います」

「その助成金は経済産業省の分でしたよね。たぶん、申請のガイドブックがあると思います。探してみますね」

「あとは上司にヒアリングして、申請上の留意点をまとめておきます」

「申請資料の写し、経産省のガイドブック、留意点のまとめ、この3点をご用意させていただくということでよろしいですか？」

大事なのは、最後のトークです。すなわち、**依頼者の期待に応えることができるものかどうかをきちんと確認する**ことです。

この時点でズレが生じているようであれば、その後の業務はムダ、ないしは二度手間、三度手間を伴うものになってしまうことは確実です。とても効果的・効率的な仕事の仕方とはいえません。逆に、この時点で十分な了解を得ることができていれば、お客様が期待する資料をムダなく準備することができます。

また、極力時間をかけずに行なうためには、業務の終わりの姿、すなわち最終完成物の検討の際、

□その最終完成物は本当に必要か
□もっと簡単にすることはできないか
□他の人・モノ・方法で代用することはできないか
□他の業務と同時にすることで、手間をかけずに済まないか

といった点を確認するとよいでしょう。

さて、この事例の場合は依頼者が存在しますので、依頼者に業務の終わりの姿が期待するものであるかどうかを確認することができます。しかし、

依頼者が不在で、かつ初めて取り組む業務の場合、自らゴール設定をしなければなりません。そこで問題となるのが、**ゴール設定の品質やレベルが、人によって異なる**ものであるということです。

自分としては最も効果的・効率的な最終ゴールだと思っていても、他者から見れば、ムダな作業をしていたり、逆に手抜きと映るような場合もあるでしょう。したがって、当人が初めて取り組むような業務の場合、そのゴール設定の妥当性を誰かに相談・確認されることをおすすめします。もちろん新人同士でチェックし合っても、効果的・効率的な設定などできるはずがありませんから、経験豊富な人への相談・確認がベストです。

そもそも税理士事務所において生産性が高まらない理由の1つに、**業務の中身が他者から見えにくい**ことがあります。結果として、非効率な仕事の仕方をしていたとしても、指摘やアドバイスをしたり、受けたりすることが難しくなってしまっているのです。わずか数分の相談・確認で、その後の業務の生産性が大きく左右されるものです。ぜひ積極的に行なってみてください。

一方で、「相談が全くない」としたら、それは大問題です。なぜならば "相談" とは、

- ●相談をする者の成長意欲・目標達成意欲
- ●相談をする者とされる者との信頼関係

のバロメーターといえるものだからです。

ぜひ、職員の成長意欲や目標達成意欲を喚起し、かつ相互の信頼関係を構築して、気軽に相談し合うことができる職場にしていっていただきたいと思います。

（3）業務のブレイクダウンを行なう

　業務の終わりの姿が明確になったら、それを完成させるための"ブレイクダウン"を行ないます。ブレイクダウンとは、**どのような行動を起こすことで、業務の終わりの姿（最終完成物）を実現するかを明確にすること**です。具体的には、次の6つの視点を参考にされるとよいでしょう。

　　①誰かに聞いておくべきことはないか？（聴取）
　　②誰かに伝えておくべきことはないか？（伝達）
　　③誰かに頼んでおくべきことはないか？（依頼）
　　④自分自身で実施することはないか？（作業）
　　⑤調査・検討を要することはないか？（検討）
　　⑥交渉・根回ししておくべきことはないか？（交渉）

　6つの視点に照らし合わせて、前項の助成金の事例をブレイクダウンするとすれば、おおむね次ページ**図表3-1**のようになります。このようにブレイクダウンしていけば、作業にもれもなくなるというものです。

　最後に「同一対象者・同一タイミング」の作業を、1つの作業としてまとめます。
　たとえば、BとCは対象者が課長で、同時に実施できますから、「課長打ち合わせ」という1つの作業にまとめられます。ただし、Aについては、対象者は同じく課長ですが、B・Cと同時にすることはできませんから、「課長への打ち合わせ依頼」という別の作業との認識になります。
　EとFも、対象者が花子さんで、同時に実施できますから「花子さん依頼」とまとめられます。DとGは対象者が自分ですが、同時に実施することはできませんから、それぞれ「経済産業省ホームページ確認」「助成金資料作成」という別の作業となります。
　やるべきことはA〜Gの7つありますが、その実施のタイミングは5回

177

図表3-1 ブレイクダウンの例

	ブレイクダウン内容	視点	対象者
A	まずは、課長の予定を確認して、時間を取ってもらわないといけないな。	③ 依頼	課長
B	時間をいただけたら、この助成金の申請の仕方や注意すべき点などについて、具体的にお聞きしよう。	① 聴取	課長
C	また書類の控えを資料としてお渡しさせてもらえるように頼まないといけないな。	③ 依頼	課長
D	経済産業省のホームページにガイドラインがあるはずだけど、一応確認しておこう。	④ 作業	自分
E	ガイドラインが確認できたら、プリントアウトは花子さんにお願いしよう。	③ 依頼	花子さん
F	ついでに、課長から預かる資料の固有名詞をマスキングしたうえでコピーをするのも、花子さんに頼もう。	③ 依頼	花子さん
G	最後に、課長から教えてもらった注意すべき点などを整理して、簡単にまとめて完了だ。	④ 作業	自分

ということになります。ここまでが「業務の適切なブレイクダウン」です。

　ここで明らかにされた作業内容を「ＴｏＤｏ」といいます。ＴｏＤｏとは、「するべきこと、しなければならないこと」であり、それを書き出したものを「ＴｏＤｏリスト」といいます。この例のＴｏＤｏを整理すると、以下のようになります。

　《ブレイクダウンされた作業内容＝ＴｏＤｏリスト》

　ａ．課長への打ち合わせ依頼

　ｂ．経済産業省ホームページ確認

　ｃ．課長との打ち合わせ（ヒアリング＆申請資料受取）

　ｄ．花子さんへの依頼（申請資料＆ガイドブック印刷）

　ｅ．助成金留意点まとめ

（4）できるだけ早いタイミングで実施する

　さて、業務の適切なブレイクダウンを行なうことができたら、次はそれぞれの作業を「いつやるか」が問題となります。その際、何よりも**できるだけ早いタイミングでスケジューリングする**ことが肝要です。この点が、段取りのよい人とそうでない人の大きな違いとなっています。

　段取りの悪い人は得てして「先延ばし」にする傾向があります。今回の事例でいえば、お客様から依頼された日ではなく、翌月の訪問予定日に近い日程で作業の予定を組んでしまうのです。これが最大の過ちです。

　たとえば訪問日の前日に準備の予定を入れていたとしましょう。しかし、前項でもお伝えしたとおり、税理士事務所では円滑な作業実施を阻害する要因に囲まれて仕事をしているようなものです。たとえば、

- ●お客様や上司からの急な依頼
- ●部下や同僚からの相談
- ●ミスの発覚やトラブルの発生

など、常に予定を阻まれる可能性に満ちみちています。前日にしようと思っていた準備が、予期しない突発事項によって実施できなければ、結局、段取りしたことそのものがムダになってしまいますし、依頼者からの信頼を失うというリスクを抱えているのです。

　ではどうすればよいのでしょうか。それは、**極力、業務発生日に近い日程で予定を組む**ことです。

　先の助成金の例でいえば、「ｃ．課長との打ち合わせ」の日時は、課長の予定を確認して、業務発生日に一番近い打ち合わせ可能な空き時間に「ａ．課長への打ち合わせ依頼」をします。もちろんこの依頼は、業務発生後、すぐに行ないます。具体的には、お客様から相談を受けた際にその場で、それが難しいようであればお客様先を出たところで連絡を入れることになるでしょう。

その打ち合わせ時に、助成金の申請書類を預かることになりますから、花子さんには、その打ち合わせ予定日に一番近い日程で「d．花子さんへの依頼」が可能な日時を確認して準備のお願いをします。

最後に、自分の予定を眺めて、「c．課長との打ち合わせ」に一番近いタイミングで実施できる日時に「e．助成金留意点まとめ」作業を入れることになります。

人は忘れる生き物である以上、何事も、早め早めの段取りが肝要です。特に、経験の浅い職員に対しては、そのように指導していただきたいと思います。

（5）達成感を得られるＴｏＤｏリストをつくる

先に述べたとおり、ＴｏＤｏとは、「するべきこと、しなければならないこと」であり、ＴｏＤｏリストとは、「現在するべきことを書き出したもの」です。段取りのいい人とそうでない人の差は、このＴｏＤｏに対する姿勢の差といえます。

ＴｏＤｏの観点からの“段取り力”のレベルは、おおね次の４段階に区分されます。

図表3-2 段取り力レベルの４段階

レベル0	そもそもＴｏＤｏを明確にしない
レベル1	ＴｏＤｏを書き出すが、いつやるかを決めない
レベル2	ＴｏＤｏを書き出し、実施日も決めるが、実施できなくても見直すことなく、時間が空いたときに実施する
レベル3	ＴｏＤｏをもれなく書き出し、最終期限を常に念頭に置きながら、日々「きょう実施するＴｏＤｏ」を明確にして、業務を実施する

レベル３に達している人の日常を見てみましょう。そのような人は、当日の朝、仕事に取りかかる前に、次のような行動を起こします。

□時間が決まっている業務（面談や会議など）を確認する

□その業務の準備にもれはないかの最終確認をし、あればＴｏＤｏに
　追加する（突発的に発生することもある）

□そのうえで、リストアップされているＴｏＤｏの中から、最終期限
　と他の業務とのバランスを鑑みながら、残りの時間内できょう中に
　完了させるＴｏＤｏを選択、決定する

さらに実施に際しては、

□簡単にできる作業から実施していく

ことを心がけます。その結果、単にその日にやると決めたことを確実に完
了させることができるだけではなく、次の３つの異なる価値を実感するこ
とになります。

□達成感を得ながら仕事ができる

□その結果、作業にリズム感が生まれ、１つひとつの作業のスピード
　が増す

□その結果、思った以上に仕事がはかどり、翌日以降に回す予定だっ
　た作業の"前倒し"ができるようになる

のです。結果として、

□「作業に追われる」感覚から解放され、「仕事を追いかける」こと
　ができるようになる

のです。さらに段取りの達人は、いつまでも後回しにされるＴｏＤｏに対
して、**「本当にやる価値はあるのか」を改めて問い直す**ことを心がけてい
ます。そして、いったんＴｏＤｏに落とし込まれた作業であったとしても、

成果が見込めないと判断したものについては、「やらない」という意思決定を下します。結果として、段取りの達人の生産性は、どんどん高まっていきます。

このように、段取りの達人になるためには、ＴｏＤｏリストの作成は、欠くべからざることなのです。

さらにこのＴｏＤｏリストの管理は、グループウェア上で行なうと、以下のように、さらなる成果がもたらされます。

① その日にやるべき作業の入れ替えがしやすい

前述したとおり、税理士事務所の業務は、上司・同僚・部下やお客様、または税務署などの外部の指示・依頼によって生じることが多いものです。しかもその指示や依頼は、"想定外"であることも少なくはありません。要するに、税理士事務所においては**予定が乱されることを常とする**のであり、それが税理士事務所の生産性を阻害する要因でもあります。

もちろん、そのような事態そのものを撲滅する工夫も必要ですが、生じてしまうものはどうしようもありません。予定どおりできないのであれば、その都度、段取りの見直しをする必要があります。これを手帳で管理していると、

- その日に行なう業務を、その都度、書き換えなければならない
- 転記ミスや転記もれがあると、業務に支障をきたす
- （一覧表で管理している場合、残った業務が目につき）達成感を得られにくくなる

などの負担や問題があります。

日々の業務の入れ替えをグループウェア上で行なえれば、書き換えの負担はなく、単に移動させるだけになります。

② 他のメンバーの業務の進捗状況や負担状況を把握することができる

　手帳だけでの管理では、当然、自分のＴｏＤｏしか見ることができません。しかしグループウェア上で管理されれば、他者の状況を客観的に把握することができます。結果として、

　　　□指示した業務がきちんと実施されているか
　　　□指示した業務以外に、どのような業務を抱えているのか
　　　□最終期限までに、ないしは実施予定日に実施できているか
　　　□このままで、最終期限に間に合わせることができそうか

などが検証でき、指示内容や役割分担の見直しをする機会を得ることができます。

③ 職員の段取り力を客観的に把握することができる

　段取り力の高い人は、当然、設定した最終期限をきちんと守ることができます。しかしそうでない人は、守ることができません。そして、守れていないことはわかっていながらも、目の前の仕事に追われて、その状況から抜け出せずにいるものです。期限を守れているか否かは、段取り力のバロメーターになります。グループウェア上であれば、その状況を客観的に把握することができるのです。

　ＴｏＤｏリストの活用においては、単に業務を列挙するだけでなく最終期限を設定し、その遵守状況をグループウェアによって"見える化"するようにしましょう。そうすることで、各人の段取り力を客観的に、かつ「誰でも」「どこでも」「いつでも」把握できるようになります。

3 ③ 記録を残す

　段取り力を高めるためには、「記録」を残すことが大切です。記録すべき内容には、「ストック情報（固定的な情報）」と「フロー情報（流動的な情報）」があります。

　ストック情報とは、会社名・住所・電話番号などのお客様に関わる基礎的な情報や、回収資料や作成資料の内容などのように、そのお客様に関わる固有の情報であり、かつ、一度情報を入手し登録ないしは更新しておけば、一定期間繰り返し利用できる性質をもった情報を指します。

　一方、フロー情報とは、電話・ファクシミリ・メールなどによるお客様との日常的なやり取りや、面談などといったお客様との接点が発生する都度、新たに追加されていく情報のことをいいます。

（1）記録を残す価値

　税理士事務所では、1人の担当者が担当するお客様のすべての業務を担い、かつそのお客様に関わる情報が担当者1人に集約されているケースが多いものです。その結果、最悪の場合、「その担当者しかわからない」状況になってしまっていることがあります。

　その弊害は、

- 手伝ってあげたくても手伝えない
- 効果的・効率的な業務の実現に向けた適切なアドバイスができない
- 問題やミスなどに気づかないまま業務が進んでしまい、そのリカバリーに相当な時間を要してしまう

などの問題として現われ、生産性を著しく阻害してしまいます。

　しかし、**「何かあったら記録に残す」**習慣がついていれば、これらの問題を解消することができるのです。

　そもそも記録に残す価値はどこにあるのでしょうか。おおむね、次の5つが挙げられます。

① 備忘記録になる

　人は忘れる生き物です。昨日のことさえ明確に覚えておくことが難しいのに、1か月前のお客様とのやりとりを逐一覚えているという人は稀でしょう。また、税理士事務所では年に1回しか行なわない業務も多いものです。1か月前でさえ難しいことです。1年前のことを思い出すことは、かなり困難なことだといえます。

　そこで、お客様とのやりとりのなかで状況が変化したことを認識し、それ以降も継続すると思われる内容、すなわちストック情報については、「お客様カルテ」のようなものを作成し、追記・書き換えを行ないます。また、その時々の状況、すなわちフロー情報については、「業務報告書」などに記録を残します。その内容は、面談時に限らず、電話やファクシミリ、メールなどでのやり取りも残します。

　このように、あらゆる情報を記録に残すことによって、「忘れてもかまわない」状況をつくることができるようになります。まさに「忘れに備える」記録となるのです。

② 引き継ぎが楽になる

　記録が残されていなければ、引き継ぎに必要な情報は現担当者の頭の中にしかありません。結果として、伝えもれや説明不足が生じるおそれがあります。時間の経過によって忘れてしまうこともあるでしょうし、現担当者としては当たり前すぎて伝え忘れてしまうこともあります。

　「言ったつもり」「伝えたつもり」という勘違いは、少なからず起こるも

のです。また、「わかっている人は、わからない人のわからないことがわからない」ものです。「これくらい説明しなくてもわかるだろう」という思い込みが、重要な情報の伝え忘れにつながることもあるでしょう。

その結果、「そんなことも引き継がれていないのか！」などと、お客様の不評を買い、新たな担当者が計り知れないマイナスの状態からスタートせざるを得ない状況をつくってしまうことも、ままあることなのではないでしょうか。

ところが、記録が残っていれば、伝えもれや説明不足といった問題が解消されるうえに、

「お客様カルテと、2年分の業務報告書に目を通しておいて」
「わからないことがあったら聞いて」

で済んでしまいます。「引継業務」をきわめて楽にしてくれるのです。このような記録は、引継業務のみならず、「税務調査立会業務」においても、その効果をいかんなく発揮することになります。

③ 職員相互の情報交流になる

記録は紙媒体ではなくデータベース（以下、ＤＢ）上に残しておくことが重要です。さらにクラウド上にあれば、第一に、**「いつでも」「誰でも」「どこででも」その記録にアクセスすることができる**ようになります。当然ながら、紙媒体では、「いつでも」「誰でも」「どこででも」その記録にアクセスすることはできません。

第二に、**検索が容易**になります。「お客様名」「担当者」「作成者」「日付」「キーワード」などによって、アクセスしたい"記録"にたどり着くことができるのです。

これによって、たとえば、

□問い合わせに担当者以外の者が対応することができる

□知りたいテーマの情報を、手間なく集めることができる

□他者の報告書を読んで、学ぶことができる、またはアドバイスすることができる

などが可能になります。

つまり、**事務所の生きた知識データベースになる**のです。

④　安心感が得られる

日々残しておく記録の中で、特に「業務報告書」や日々提出される「日報」は、所長や上司にとっては、**部下の状況を、適時適切に把握することができる唯一の方法**と言っても過言ではありません。

そもそも報告は、求められてするものではありません。**報告は義務であり、それ自体が重要な業務の１つ**であって、それを怠ることは、重要な業務遂行義務違反であるとの認識が必要です。なぜならば、上司は部下の状況を報告でしか把握することができないからです。目の前に座っていても頭の中をのぞくことはできませんし、外出してしまったならば、それこそ何をしているか、全くわからないのです。

あるべき報告がなされていない場合、ことによっては、組織を危機に陥れるような状況を見逃してしまうおそれさえあります。報告とは、それほどに重要な任務であるという認識が必要なのです。

一方、その業務負担から報告書を残すことに対して、否定的な人もいるようです。たしかに月１回の巡回監査の内容を報告書に残そうと思えば、慣れた人でも15分くらいはかかってしまうかもしれません。そうすると、１件あたり年間３時間もの時間を要することになります。「それだけの時間があるならば、やるべき仕事をしたほうがよい」と感じるのも不思議ではありません。

しかしその３時間は、その報告書を残さなかったために発生してしまう

ムダな時間を削るとともに、**もれのない高品質な業務を実現するための "投資" 時間**と考えることが大切です。

⑤ 段取りが立てやすくなる

　残しておくべき記録の中でも、特にフロー情報を残す行為そのものが、業務の段取り力を高めることになります。

　たとえば、お客様との面談結果を記録する業務報告書では、報告書を書くことによって面談内容を整理でき、次回までに進めておかなければならないことについても、余すことなく棚卸しをすることができます。

　この棚卸しが、「もれのない高品質な業務を実現する」ことに直結します。やはり「報告は時間投資」との認識をもって行なう必要があるのです。

（2）好ましいファイル管理の仕方

　ストック情報において重要な視点の１つに「ファイル管理」があります。

　税理士事務所には様々な情報が存在し、それらの情報が事務所内の書庫やサーバー、もしくは個人のパソコン内に保管・管理されていることと思います。それらの情報が、もれなく整然と保管・管理されていれば、生産性の高い業務を実現しつつ、お客様に対しては高品質なサービスを提供することが可能になります。

　しかし、実際にはそうなっていないケースが多いようです。特にサーバーやパソコン内に保管されている各種ファイルについては、

- フォルダをなりゆきで作成しているために、必要なファイルがすぐに取り出せない
- デスクトップ上に置いた大量のアイコンの中から必要なファイルを探すのに時間がかかる
- ファイル名からはその内容が判断できず、毎回開いて確認しなければならない

●類似したファイル名が多数あり、いつ作成したのか、最新版はどれ
　か、などの判断ができない

などの状況が多発し、結果として、**ファイル探しによるムダな時間の発生
によって生産性を著しく低下させている**といった問題が生じていることが
多いのではないでしょうか。さらに、

●不要なファイルが数多く保存されている
●複数のフォルダに重複保存されている
●サーバーの管理責任者が未決、または決まっているが機能していな
　い

ために、**サーバーやパソコンのハードディスク容量を浪費している**といっ
た、生産性以外の問題を抱えているケースも多いでしょう。
　このような問題を解消するためには、**ファイルの２Ｓ（整理・整頓）活
動**が欠かせません。そして、効果的・効率的なファイル管理を実現するた
めには、**適切なフォルダの設定を行なう必要があります。**
　具体的には、次のような手順でフォルダの設定、ならびにファイルの見
直しに取り組んでみてください。

① すでに保存されているファイルの洗い出しを行なう

　まずは、サーバーないしパソコン内にあるすべてのファイルの洗い出し
を行ないます。そのうえで、明らかに不要なもの（重複・作業済み・一時
保管・私用など）を処分し、減量を図ります。

② フォルダ分類を決める

　前記①で残ったファイルを検証しながら、必要なフォルダ項目を明らか
にします。具体的なフォルダ分類には、次のようなものがあります。

□対象者別：お客様別・担当者別・作成者別・提携先別など
□案件別：業務分類別・税目別・物件別・ランク別など
□数字別：期間別・年（度）別・月別・日別など
□書式別：報告書種類別・文書別・データ形式別など

③ フォルダ分類の階層を設計する

　②で明らかになったフォルダ分類について、階層化を図ります。たとえば、最上位の分類を「お客様別」にした場合、次のような階層が考えられます。

　「お客様別フォルダ」内に、月次業務・決算業務・確定申告業務・年末調整業務などの「業務別フォルダ」があり、さらに、たとえば決算業務フォルダであればその中に「年度別フォルダ」があり、さらにそれぞれの年度別フォルダの中に預り資料や決算・申告書類などの「文書別フォルダ」がある、というイメージです。

　どのような階層設計にするかは事務所の実態に合わせていただくことになりますが、それぞれの上位フォルダごとには統一された下位フォルダを明確にする必要があります。

　なお、「業務別フォルダ」については、65ページ以下で解説した「業務手順書」の"工程"に合わせたフォルダ設計をすることにより、書類・データの流れをフォルダで把握・管理することができるように工夫することも検討してみてください。

④ ファイル名をつけるルールを明確にする

　次に、それぞれのフォルダ内に格納するファイルについて、名前をつけるルールを明確にします。何よりも、**ファイル名でその内容が誰でもわか**

るようにすることが大切です。そのためには、次の点に留意されるとよいでしょう。

　　□アウトプットが誰でもイメージできる名前にする
　　□表記方法および表現の仕方を統一する
　　　　（例：日本語、英語、略語など）
　　□複数のテーマの組み合わせにする場合、並び順を統一する
　　□最新版がわかるようにする
　　　　（例：日付を入れる、「最新」と表記する　など）
　　□つなぎ記号を決める
　　　　（例：-［ハイフン］　_［アンダーバー］　()［かっこ］　など）
　　□検索性を高めるために、頭に2桁の連番をつける
　　　　（例：01月次業務、02決算業務、03確定申告業務　など）

⑤ その他のルールを明確にする

　具体的には、次のようなルールを明確にします。

　　□フォルダおよびファイルの管理者（作成・編集・削除などの権限）
　　□フォルダおよびファイルの共有範囲（役職や役割による閲覧制限）
　　□ファイルの保管場所および保管期間
　　□バックアップ方法（媒体・期間など）

⑥ フォルダ台帳を作成する

　これらのルールが確立できたら、②〜⑤の内容を明記した「フォルダ台帳」を作成し、管理することをおすすめします。

⑦ フォルダの2Sを実行する

　まず、前記①で残ったファイルについて、該当するフォルダ内に、上記ルールに従って格納していきます。ただし、かなりのボリュームになるこ

とが想定されますので、一度に実施することは困難かもしれません。よって、お客様の決算ごとに実施していくなど、具体的な計画を作成し、役割分担をしながら、確実に進めていってください。

　また、新たに作成されたファイルについても、以後、ルールに従って格納していくことを徹底し、生産性の高いファイル管理を実現していただければと思います。

（3）好ましい報告の仕方

　次に、フロー情報の残し方について考えてみましょう。繰り返しになりますが、フロー情報とは、電話・ファクシミリ・メールなどによるお客様とのやりとりや面談などといったお客様との接点が発生する都度、新たに追加されていく情報のことです。

　フロー情報を残す手段の最たるものは「報告書」です。そのメリットとしては、すでに述べたように以下の点が挙げられます。

- ●備忘記録になる
- ●引き継ぎが楽になる
- ●職員相互の情報交流になる
- ●安心感が得られる
- ●段取りが立てやすくなる

　また、好ましい報告を実現するためには、

①タイミングを外さぬように「何かあったらその場ですぐに」行なう
②その内容や目的を考えて、報告の内容や方法を工夫する
③必ず指示者ならびに直属上司、関係者にもれなく報告する
④預かり資料など必要と思われる資料を添付する
⑤事実を、正確に、ありのまま報告する

といった視点が必要です。この中でも、特に重要なのは①です。報告は"鮮度"が大切です。私どもでは、事象発生後、3営業日以内に報告書を提出しなければならないというルールがあります。

しかし、提出は3営業日の余裕をもったとしても、記載に関しては、やりとりが発生した都度、**できるだけ早く記載することが肝要**です。

面談時においては、お客様の了解が得られ、時間が許すのであれば、その場で記載するとよいでしょう。お客様の考えや思いと齟齬がないか、その場で確認することもできます。

もちろん記録に残しておきたい、もしくは上司に伝えておかなければならないけれども、お客様には読まれたくないような内容のものもあるでしょう。そのような場合でも、できるだけ早いタイミングで追記しましょう。

くどいようですが、人間は忘れる生き物です。できるだけ早く記録に残す習慣をつけていただければと思います。

もちろん、記載のみならず、提出もできるだけ早く行なうに越したことはありません。報告は、タイミングを外さぬように、できるだけ早く行なうことが大事です。特に、「悪い報告」「できない報告」といった、いわゆる"緊急事態"に関わる報告は、何よりも優先して行なう必要があります。

一方で、自分では大したことではないと思っていたことが、実は大変重要な問題をはらんでいる場合もあります。報告が早ければ、上司や先輩が気づいて、問題が大きくなる前に対処することができるかもしれません。当人としては、それほど緊急性が高いとは思わないことであっても、報告は早いに越したことはないのです。ぜひ、**何かあったらその場ですぐに報告をする習慣づけをしてください**。

また、記載すべき内容がきちんと記録として残され、かつ報告すべき人にもれなくきちんと報告できる状況をつくり出すことが肝要です。そこで、

□何に関わる報告なのかを明らかにする「種別」

（例）月次報告書

　　　決算報告書

　　　クレーム報告書

　　　営業報告書

　　　研修受講報告書　　など

□種別ごとに記載してほしい内容の「テンプレート」

（例）月次報告書の場合

　　　「概況」

　　　「相談された内容とその対応」

　　　「提供した資料」

　　　「預かった資料」

　　　「依頼したこと」　　など

□報告すべき人にもれなく報告するための「報告先」

□報告レベルを明示するための「ランク」

（例）Ａ：所長必読

　　　Ｂ：上司必読

　　　Ｃ：備忘記録　　など

を設定し、運用されることをおすすめします。

　いずれにしろ、必要な内容を、必要なタイミングで、必要な内容をもれなく報告する習慣をつけることは、とても大切です。そのような報告が当たり前に行なわれる風土と習慣を、ぜひつくっていっていただきたいと思います。

3 ④ 「自分納期」を守る

　個々人の仕事において、より効果的・効率的な業務を実現するためのもう1つの視点は**「自分納期」を守る習慣をつけること**です。この習慣化こそ、各人がもつべき最も重要な視点といっても過言ではありません。

（1）「自分納期」を設定する

　「納期を守るのは当然」との声が聞こえてきそうですが、ここでいうところの "納期" とは、職業的に守ることが当たり前な「法定期限」ではなく、自ら設定した、自らの仕事に関わる納期です。自分で決めた納期を守ることが簡単なようで、とても難しいことであるのは、おそらく経験上、誰もが感じていることだと思います。

　人との約束や法律を守るのは当然です。しかし、自分との約束を守ることは決して簡単ではありません。
　特に税理士事務所の仕事は「やらざるを得ない仕事の塊」といっても過言ではありませんし、上司やお客様、または官署などといった他者からの指示・命令や要求・要望によって、業務が突発的に発生することもしばしばです。結果として、自分が決めた予定を後回しにせざるを得ない状況に陥りやすいといえるでしょう。

　一方で、「人が見ているわけじゃない」「どうせ自分で決めたこと。予定を見直すだけ」などという言い訳も簡単にできてしまいます。それだけに自分納期を守ることはとても難しいことなのです。
　逆にいえば、**自分納期を守ることができる人は、まさに "段取りの達人"**

ということができます。

　日々、ＴｏＤｏリストを確認し、当日行なう仕事をきちんと決めたうえで着手し、達成感を得ながら１日を過ごすことが習慣化できれば、自ずと自分納期は守れるようになります。

　また、事務所としての取り組みとして、100ページ以下で解説した**「進捗管理表」の活用**もおすすめです。月次・決算・季節業務ごとに工程を設定し、その１つひとつに所内納期を設定して、それらの遵守を徹底していけば、他の業務においても自ら納期を設定し、自らその納期を守る習慣がつくものです。

　自分納期を明確にせずに業務を遂行している人も見受けられます。「やれるときにやればいい」との考えでしょうが、これは、自分納期を守れないことよりも問題であるとの認識が必要です。

　貯金にたとえるなら、「お金が余ったら貯金をする」という人は、貯金をするのは難しいものです。貯金ができる人は、たとえば「毎月、給料の10％を貯金する。余ったお金で生活する」という考えの人です。同じように、「やれるときにやる」という人は、結局どんどん業務が溜まっていって、気づいたら「やらなければならないことができない」状態に陥りやすいものです。もしかすると、「いい加減な人」とのレッテルを貼られてしまっているかもしれません。

　よって、発生した業務が期限を与えられていないものであったとしても、**必ず自分納期を設定する**という姿勢が必要です。その際、「○日前には仕上げる」といった、**自分なりの納期設定ルールを決めておく**とよいでしょう。

（2）時間単価を意識する

　さて、ＴｏＤｏリストや進捗管理表を活用して、自分納期を守る習慣をつけていくにあたって、もう１つ意識しておいていただきたいことがあり

ます。それは、**自分自身、ならびにお客様ごとの時間単価を常に意識する**ことです。なぜならば、**業務改革の成果は、時間単価に反映される**からです。

　もちろん、「段取りがよくなった」「業務が効率的になった」といった主観的な評価も必要です。その実感は、さらなる生産性向上に向けた大いなる動機づけになるからです。

　一方で、その効果を客観的に測定する必要もあります。効果測定には、何事も"定性評価"と"定量評価"の両面が必要なものだからです。そして定量評価として最も有効な効果測定方法が、時間単価なのです。詳しくは38ページを参照してください。

　ただし税理士事務所の場合、いただいている報酬は毎月決まっているにもかかわらず、月によって業務のボリュームが異なるケースがあります。また前年同月に行なった業務を、当年同月に必ず行なうことができる保証はありません。月ズレが生じる可能性があるのです。よって時間単価は単月で算出するのではなく、年計で行なうことをおすすめします。

　たとえばあるお客様の12月の時間単価を出す場合、1月～12月の1年間の報酬合計額を、そのお客様のために費やした時間の合計で割るのです

図表3-3「時間単価」算出のイメージ

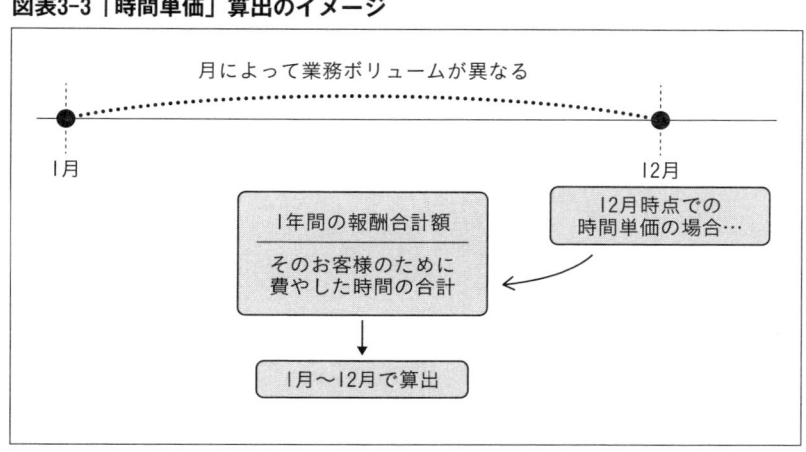

（前ページ**図表3-3**）。自分自身の時間単価を明確にする際も同様です。

　また、時間単価を毎月算出し、目標をもって業務に取り組むことは、それ自体が"動機付け"になります。

　なぜならば、人がやる気になる最大の要因は、"達成感"にあるからです。ゆえに、仕事の仕方の改善を実践するにあたっては、時間単価の"見える化"を行ない、達成感を得ながら仕事ができる状況をつくり出すことが大切なのです。

3 ⑤ モチベーションを高める

本章の最後に、技術的な手法から少し離れて、精神的なお話をさせていただこうと思います。

どんなに効果的・効率的な仕事の仕方を知っていたとしても、それを実践しなければ、知らないのと一緒です。何よりも実践することが大切なのです。そして、その実践を支えるのが"心"であり、"気持ち"です。

ＪＡＬの再建にも尽力された京セラの創業者・稲盛和夫氏は「人生・仕事の結果は、考え方×熱意×能力という１つの方程式で表わすことができる」とおっしゃっています。

$$成果 ＝ 考え方 × 熱意 × 能力$$

ということは、いかに効果的・効率的な仕事をする"能力"をもっている人でも、正しい"考え方"や、燃えるような"熱意"がなければ、十分な"成果"を挙げることができない、ということになります。いずれかが「ゼロ」であれば、他がどれほど高くても結果は「ゼロ」なのです。

さらに、熱意や能力は、どんなに低くても「ゼロ」が最低です。しかし考え方には、「好ましくない」「後ろ向きな」「他に悪影響を及ぼす」などといったものがあります。すなわち**考え方においては、マイナスが存在する**わけですから、いっそう問題です。

よって、効果的・効率的な仕事の仕方をご理解いただいたいまこそ、正しい考え方と燃えるような熱意をもっていただきたいと思います。そのために必要なのは、**仕事に対する"使命感"と"誇り・プライド"をもつこ**

とです。

　税理士および税理士事務所職員の使命は、税理士法第１条に定められているとおりです。改めて記します。

　（税理士の使命）

第一条　税理士は、税務に関する専門家として、独立した公正な立場において、申告納税制度の理念にそつて、納税義務者の信頼にこたえ、租税に関する法令に規定された納税義務の適正な実現を図ることを使命とする。

　よって私たちは、「納税義務の適正な実現を図る」ために、「納税義務者の信頼にこたえ」なければなりません。

　その納税義務者であるお客様が私たちに望んでいるのは、

「悩みの相談に乗ってほしい」

「経営に対して指導・助言をしてほしい」

ということです。お互いに協力し合いながら、そのような時間をたくさん確保することが私たちの使命といっても過言ではありません。

　さらに私たちの仕事は、第１章でも述べたとおり、

- 毎年、税制改正があり、毎年、ビジネスチャンスが生まれる！
- 増えている顧客層もいっぱいある！
- お客様の悩みは尽きることがないから、提案すべきことは尽きることがない！
- やれること、できることは山ほどある！
- いずれＡＩがつらい仕事を肩代わりしてくれる！

といった環境にあり、将来性のあるとても魅力的な仕事です。このような業界は、そうそうあるわけではないことは、多くの業界に携わっておられるみなさんであれば、ご理解いただけるものと思います。

　まずは、このような素晴らしい使命をもち、恵まれた環境で働けることに感謝しなければなりません。

　また、私たちの仕事は、**人をやる気にさせる要因に満たされている**という事実を認識していただきたいと思います。

　繰り返しになりますが、人間のモチベーションに関する理論で有名なハーズバーグは「動機付け要因・衛生要因理論」の中で、人間の欲求のうち、積極的な満足感に影響を及ぼす因子（動機付け要因）として、「達成」「承認」「責任」「仕事そのもの」などを挙げています。

　私たちの仕事は、「法定期限」がありますから、そもそも**達成感を得ながら仕事ができる**環境にあります。

　また、試算表や決算書をお渡ししたり、申告後の報告をしたり、または日常の中でいただく質問にお答えするたびに、「ありがとう」と言っていただくことができます。要するに**常に、自分自身の仕事を認めてもらいながら仕事ができる**、すなわち承認要求を満たされながら仕事ができているということです。

　さらに、通常見せてもらうことなどできるはずがない、経営に関わるあらゆる資料を開示していただき、その資料に基づき法律に定められた書類を作成し、申告するという、**とても"責任"ある仕事をさせていただいているのです。まさに仕事そのものが誇りとプライドのもてるもの**なのです。

　ただし、「仕事そのもの」に関しては、１つ大きな問題があります。それは、**人がやる気を失う最大の要因の１つが「マンネリ」**であることです。税理士事務所の仕事は、専門化を進めるケースが多く、１人の人がある仕事を長期にわたって担当することになりがちです。結果としてマンネリ化

しやすく、やる気をなくす原因となってしまう可能性があるのです。

　この問題に対して、最も効果的な対策が、自分自身の仕事を研究対象として、もっと早く、もっと効果的・効率的に、もっとよい結果が出せるように取り組むこと、すなわち**自分自身の仕事の改善に取り組む**ことです。改善活動は、それ自体にマンネリ打破の効用があります。そのうえ、改善活動を行なう場合は、必ずその改善目標を掲げますが、165ページの図表2-21で示したとおり、人は目標達成に向けて努力を続ける日々の充実感と、その目標を達成したときの達成感に対して幸せを感じるものです。要するに改善活動に取り組むこと自体が"幸せ"への道といえるのです。

　また、改善活動に取り組んでいる姿や目標達成の結果に対して、人は賞賛の声を惜しみません。その声を聞くことはハーズバーグの動機付け要因における承認欲求を満たすことになり、よりいっそうモチベーションがアップします。

　さらに改善によって創出された時間で、お客様の喜びや満足につながる業務に取り組むことができるようになれば、自分自身の喜びや満足を高めていくことができるでしょう。ぜひ積極的かつチャレンジングに改善活動に取り組んでいただきたいと思います。

　さて、その改善活動の効果測定に有効なのが、やはり「時間単価」です。時間単価がどれだけ高まっているかを測定していけば、仕事の仕方がどれほど改善できているかがおのずと把握できるのです。

　ぜひＴｏＤｏリストや進捗管理表などを活用し、かつ改善活動を進めるなかでモチベーションを高めながら、**よりいっそうの"お客様満足"の追及**をしていっていただきたいと思います。

第4章

コミュニケーション力を磨く

業務改革を効果的にする コミュニケーション力

　ここまで、第2章では事務所業務に、第3章では個々人の仕事のありように着目して、それぞれより効果的・効率的な仕事の仕方を考察してきました。しかし、税理士事務所の仕事というものは、1人ですべてを完結することができるものではありません。お客様や事務所の上司・部下・同僚のみならず、

- 手続き・申請などに関わる各種官署の方々
- 他士業や金融機関または商工会議所などの、私たち同様、お客様を支援されている方々
- 事務所運営にご協力いただいている方々
- 地域コミュニティを構成する近隣住民の方々

など、実に多くの方との接点のなかで行なうものです。いかに事務所業務を標準化し、1人ひとりの仕事の仕方を改善できたとしても、それらの方々との関係が好ましいものでなければ、効果的・効率的な仕事の実現は、残念ながらかないません。

　そこで本章では、事務所業務ならびに仕事の仕方の改革をより効果的・効率的なものにするために、自分を取り巻く多くの方々との好ましい関係の構築を実現する「コミュニケーション」のあり方について考えていきたいと思います。

（1）人の考えは異なっているのが当たり前

　コミュニケーションという言葉は、日常的によく使われています。しか

し、そのような言葉ほど、人によって認識が異なっていることが多いもの
です。そこでまず、コミュニケーションとはいかなるものかについて、そ
の定義を明確にしておきましょう。辞書では、

**「人間が互いに意思・感情・思考を伝達し合うこと。言語・文字その他
視覚・聴覚に　訴える身振り・表情・声などの手段によって行う」
（大辞林）**

と解説されています。

　しかし、好ましい人間関係の構築を目的とするならば、「伝達し合うこ
と」に留まっているわけにはいきません。ただ言いたいことを言い合うだ
けでは、その目的を果たすことができないからです。

　好ましい人間関係の構築という目的を考えるならば、私たちが目指すべ
きコミュニケーションとは、**お互いが、「思っていること」「考えているこ
と」「感じていること」をわかり合える**ことが真のゴールでなければなり
ません。換言すれば、**「相互意思疎通」**といえるでしょう。しかしこれは
言うは易しで、その実現はとても難しいことです。

図表4-1 人の"考え""思い""感情"を左右する要素

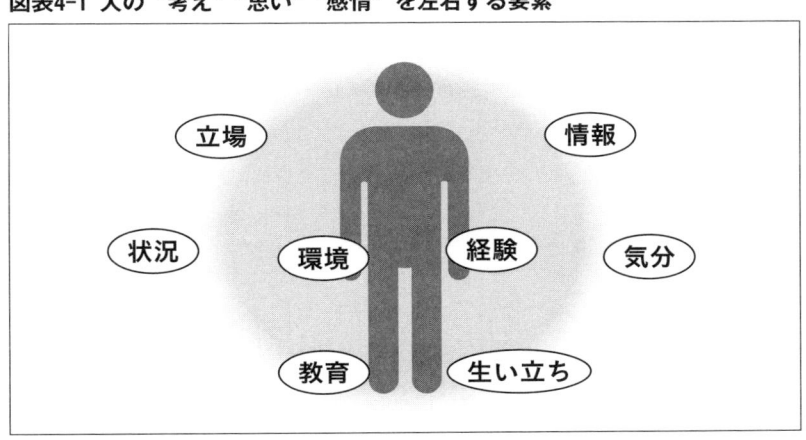

そもそも人はみな、生まれ育った環境も、受けてきた教育も、積んできた経験も、歩んできた生い立ちも全く異なっています。

　さらに、同じ人であっても、立場や状況が変われば「思うこと」「考えること」「感じること」が変わりますし、そのときの気分やときどきに入ってくる情報によっても変化してしまいます。よって、同じものに触れても、「思うこと」「考えること」「感じること」が異なって当然なのです（前ページ**図表4-1**）。

　生み育ててくれた親であっても、物心がつく前から一緒に住んでいる兄弟姉妹であっても、また、胸襟を開いて付き合うことができる親友であっても、本当にわかり合えることは難しいのに、大人になってから出会った人たちとわかり合うのは、なかなか難しいものです。相互意思疎通することは、まさに至難の業といえるでしょう。

　ときに、他人に対して「あなたは間違っている！」と感じることがあると思いますが、それは相手が間違っているのではなく、単に「いまのところ、私とあなたは『思っていること』『考えていること』『感じていること』が違っているようだ」というのが正解なのかもしれません。そしてこの違いを解消することこそが、コミュニケーションの目的ということができるでしょう（**図表4-2**）。

図表4-2 コミュニケーションの目的のイメージ

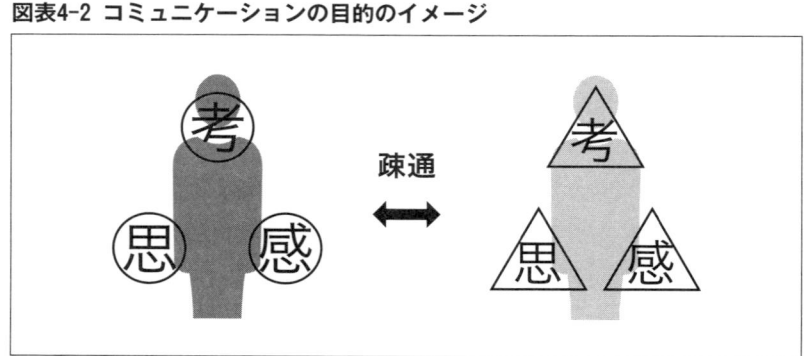

（2）違いを知って、受け容れて、活かし合う

コミュニケーションの目的は、**お互いの違いを知って、受け容れる**ことにあるといえます。

さらに、ただ「知って、受け容れる」だけでは、まだコミュニケーションの真の目的を果たしているとはいえません。人との出逢いは必然であり、出逢いそのものに意味があります。真のコミュニケーションの目的を果たすためには、お互いの違いを知って受け容れたうえで、**互いの価値を活かし合う**ことであると考えるとよいでしょう。そして、その実現こそが、真に相互意思疎通できた状態といえるのです。

このレベルのコミュニケーションを実現することはなかなか難しいものです。しかし、もし自分を取り巻くすべての人とこのようなコミュニケーションを図れたとしたらどうでしょう。

人が幸せな人生を送るためには、周囲の人たちと好ましいコミュニケーションが取れていることが不可欠です。なぜならば、**人は1人では生きていくことができない**からです。たとえ「私は自分1人で生きている！」と思っているとしても、好むと好まざるとにかかわらず、人との関わりを完全に排除することなどできません。もし人との関係が好ましいものでないとしたら、非常につらい人生を送らなければならなくなってしまうことでしょう。

逆に人との関係がよりよいものであったとしたら、どれだけ幸せな人生を送れることになるか、容易に想像できると思います。**好ましいコミュニケーションの構築が、幸せな人生への扉**といっても過言ではないのです。ぜひ本章を通じて、「お互いの違いを知って、受け容れて、活かし合う」レベルのコミュニケーション能力を身に付けていっていただきたいと思います。

4 ② 好ましい「非言語情報」で 心の扉を開く

　望ましいコミュニケーションを取るためには、いくつかの前提があります。ここでは、まずその前提をご理解いただきます。

（1）相手の"心の扉"は閉じているのが当たり前

　大きな前提として、「"私"がコミュニケーションを取りたいと思う"相手"が、その時点において、"私"とコミュニケーションを取りたいと思っていてくれているとは限らない」ことがあります。それどころか、**コミュニケーションを取りたいタイミングは、得てして合致していない**ことが多いものです。

　したがって、コミュニケーションのスタート時点においては、

　　□ "相手"に「伝えたい」ことがある"私"と、それを「知りたい」
　　　と思っているわけではない"相手"
　　□ "相手"のことを「知りたい」と思っている"私"と、そのことを
　　　「わかってほしい」と思っているわけではない"相手"

という二者間の関係からコミュニケーションが始まることがほとんどです（**図表4-3**）。

　この前提に立った時、自分がコミュニケーションを図ろうと思った時点においては、**相手の"心の扉"は閉じている**と考えておいたほうがよいでしょう。

　想像してみてください。仮にいま、あなたにコミュニケーションを取ろ

図表4-3 コミュニケーション開始前の状況

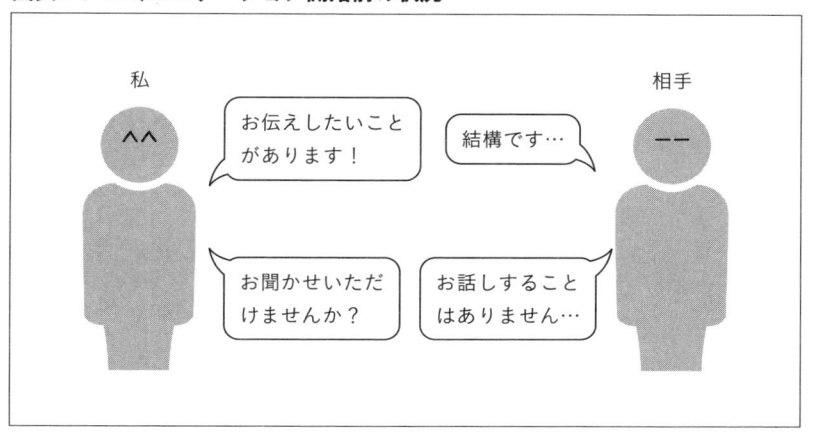

私

お伝えしたいこと
があります！

結構です…

相手

お聞かせいただ
けませんか？

お話しすること
はありません…

うとしている人がいるとします。しかしその時点においては、あなた自身は特にコミュニケーションを取りたいとは思っていないとしましょう。それどころか、警戒心から「声をかけてほしくない」「関わりたくない」と感じているかもしれません。これが「心が閉じている」状態です。

ゆえに、コミュニケーションを開始するにあたっては、まず**相手の"心の扉"を開ける**ことからスタートしなければなりません。

では、そのような「心の扉が閉じている」状況のなかで、どんな人の話だったら聞いてみようと思うでしょうか。あなたの閉じた心を開くことができる人とは、どんな人なのでしょうか。少し考えてみてください。そうすると、次ページ**図表4-4**のような「非言語情報」が重要であることに気づくはずです。

相手がどのような接し方をしてくれたら、自ら心を開くことができるか、この5つの視点に立って考え、図表4-4の「条件・状態」欄を埋めてみてください。そうすれば、自分がコミュニケーションを取りたいと願う立場だったら、どうする必要があるかがわかるはずです。

高級な衣服や持ち物で身を固める必要はありませんが、さすがにしわくちゃでヨレヨレで、フケが肩に積もっているような人とは、話をする気に

図表4-4 コミュニケーションを取りたいと思える条件・状態は

分類	条件・状態
見た目	
表情	
ジェスチャー	
姿勢	
声	

もなれませんね。やはり"見た目"は重要です。

　手や足を組んで、ふんぞり返って、怒ったような顔で接せられるよりも、やはりさわやかな笑顔で、うなずきながら、相槌を打ちながら話を聞いてもらえたら、もっともっと話したくなるでしょう。「表情」や「ジェスチャー」「姿勢」はとても大切なのです。さらに「声」のトーンや声色も大事です。低すぎるよりも少し高めで、優しく、温かみがある声のほうが、聞きやすく、話しやすいものです。

図表4-5 「無財の七施」

眼施（がんせ）	優しい眼差しで人に接する
和顔施（わがんせ）	にこやかな顔で接する
言辞施（ごんじせ）	優しい言い方・言葉で接する
身施（しんせ）	自分の身体でできることで奉仕する
心施（しんせ）	他のために心を配る
床座施（しょうざせ）	席や場所を譲る
房舎施（ぼうしゃせ）	自分の家を提供する

　「無財の七施」という教えをご存じでしょうか。**図表4-5**に示しておきましたが、これは、財産は少なくても、世のため人のためにできることがあるという、仏教の教えです。

まさに非言語情報そのものといえるでしょう。その非言語情報が好ましいものであれば、世のため人のためにもなる。とても素晴らしいことです。そして、コミュニケーションのスタート段階において閉じている相手の心の扉を開けることができるカギも、この無財の七施に通じる非言語情報なのです。

(2)「非言語情報」の実践はまず形から

　このような話をしますと、「つくった笑顔や態度で心が開くはずがない」「姿勢や態度よりも心が大切だ」という声が聞こえてきそうです。たしかに、心の伴わないものでは、真のコミュニケーションを図ることは難しいのかもしれません。

　でも大丈夫です。なぜならば、**心と体はつながっている**からです。人は、笑顔をつくるだけで、だんだん心は晴れやかになってきます。逆にムスっとしていると、心はどんどん不機嫌になっていってしまいます。先に挙げたような好ましい表情、ジェスチャー、姿勢、声を実践することで、心が好ましいものへと変化していくのです。まずは、好ましい非言語情報の実践が重要なのです。

　もう１つ、その実践には、重要な効用があります。それは**自分が変われば、相手も変わる**ということです。自分が不機嫌そうにしていれば、相手も不機嫌になっていってしまいます。しかし、自分が笑顔で接すれば、相手はだんだん笑顔になっていきます。ですからまず、自分から笑顔で接していくことが大切なのです。そして、**相手が笑顔になれば、自分のつくられた笑顔は、本物の笑顔になっていく**のです。自分が変われば相手も変わるように、相手が変われば自分も変わっていくことができるのです（次ページ**図表4-6**）。最初は心が伴わない演技であってもかまいません。それは、好ましいコミュニケーションを図るための１つのステップにすぎないのです。

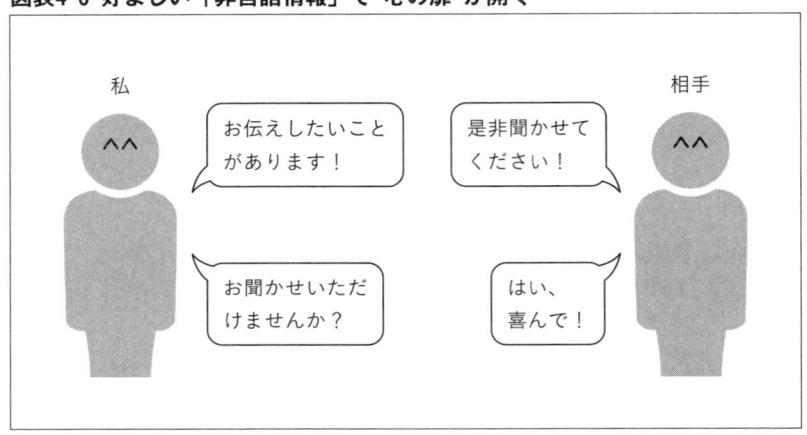

　ただし、自分はそうしているつもりでも、実際には相手に伝わっていない場合があります。特に笑顔は、顔中の筋肉を総動員しないとできません。日頃、笑顔の習慣のない人は、自分は笑っているつもりでも、筋肉が動かず、表情がつくれていないという場合があります。ジェスチャーも同様に、自分ではうなずいたり相槌を打ったりしているつもりでも、相手に気づいてもらえないくらいの小さなアクションに終わってしまっていることも多く見受けられます。

　そうならないよう、非言語情報の実践にあたっては、まず実際に鏡で確認したり、人の評価に耳を傾けたりするなどして、現状を正しく認識したうえで、図表4-4で明らかにしたご自身が考える理想の条件・状態が自然にできるようにしていきましょう。そして、閉じた相手の"心の扉"を開き、素晴らしいコミュニケーションの入口に立っていただきたいと思います。

聞きたいと思ってもらえる「ポジティブことば」のすすめ

　「非言語情報」によって、相手の心の扉を開けることができたとしましょう。しかし、その時点においてはまだ、心の扉が開いたにすぎません。次に出てくるあなたの言葉によっては、すぐに扉を閉められてしまうかもしれません。逆に、さらに心の奥深くにいざなってくれることもあり得ます。

（1）「ポジティブことば」と「ネガティブことば」

　その違いはどこからくるのでしょうか。その**最大のポイントは"ことば"**にあります。次のことばを比べてみてください。

面白そう！	大変そう……
やれる！	難しそう……
やってみよう！	どうしよう……
充実している！	忙しい……
頑張った！	疲れた……

　あなたは、どちらの言葉を使う人と話をしてみたいですか。どう考えても左側の人ではないでしょうか。

　しかし、よく比較してみると、この2つの相対する言葉は、同じ状況における感情表現であることがわかると思います。

　●「面白そう！」「大変そう……」→新しいことに出会ったとき
　●「やれる！」「難しそう……」→そのことをやれるかどうかの判断を

213

しようとしているとき

- ●「やってみよう！」「どうしよう……」→実際に取り組む直前
- ●「充実している！」「忙しい……」→実際に取り組んでいる最中
- ●「頑張った！」「疲れた……」→取り組んだ後

　このように同じ状況にあるにもかかわらず、表現の仕方によって、こんなに感じ方が違うものなのです。

　前者（左側）を「ポジティブことば」、後者（右側）を「ネガティブことば」といいます。人はポジティブことばを好みます。生きとし生けるものが、常に明るいところに集まってくるように、人も明るい場所が好きなのです。ポジティブことばは、まさに"明るいことば"そのものです。

　逆に、ご自身を振り返っていただければご理解いただけると思いますが、人はネガティブことばを使う人とは、あまり一緒にいたくないものです。人は、暗い場所が大嫌いなのです。よって、ネガティブことばは、せっかく開いた相手の心の扉を閉じさせてしまうおそれがあることを認識しておかなければなりません。

（2）「ネガティブことば」を「ポジティブことば」に変換する

　しかし、残念ながら、**元来、人は"ネガティブ"な存在である**ものです。それは「身を守る」という、生物として必要な機能を有しているからです。ネガティブだからこそ、「これって、食べても大丈夫かな？」という疑問が生じ、食中毒を回避することができます。ネガティブだからこそ、「このまま進んだら危険だな」などと、事故や遭難などを回避することができるのです。ですので、自分がネガティブに考えがちであることを卑下する必要はありません。人は誰しもネガティブな存在であり、ネガティブだからこそ、生存し続けることができているのです。

　とはいえ、コミュニケーションにおいてはネガティブな状態のままではいけません。自分自身はネガティブであるにもかかわらず、**人は、人のネ**

ガティブな反応は見たくない、**知りたくない**、**触れたくない**ものなのです。人間って本当にわがままですね。

　そのような特性をもつ人間とコミュニケーションを図ろうとするならば、まずはポジティブことばを使うことを意識することが大切です。「ポジティブことば」はポジティブな人間関係を生む礎なのです。

　人の感情として、また人の口から出てくる無意識の一言は、ネガティブことばだと思っておいたほうがよいでしょう。それは人間の本能として仕方がないことです。しかし人は、自分はネガティブことばをついつい使ってしまうのに、人のネガティブことばは許せない、そのことを十二分に認識しておく必要があります。

　一方で、人は"本能"のままに生きることしかできないわけではありません。"理性"というものをもち合わせています。そしてその理性によって、**"スイッチング"技能を発揮する**ことができます。

　スイッチングとは、先の事例でいえば、

「大変そう……。でも、面白そうだよね！」
「難しそう……。でも、私たちならやれるよね！」
「どうしよう……。でも、やってみようよ！」
「忙しい……。でも、充実しているよね！」
「疲れた……。でも私たち、頑張ったよね！」

という具合に、**ネガティブことばをポジティブことばに言い換える**ことです。このように、ついついネガティブことばが口から出てしまったら、すかさず「でも！」を間に入れてポジティブことばに変換する習慣をつけるのです。

　これは決して難しいことではありません。現に、ある事務所で、「ネガティブことばを使って、3秒経ってもポジティブことばにスイッチングし

なかったら、罰金100円！」という号令を出した所長先生がいました。

　罰金といっても、お金が貯まるようなら、みんなで飲みに行こうと考えていたのですが、1週間もしないうちに、みんなにスイッチングの習慣がついてしまい、1か月後に罰金用の貯金箱を空けてみたら、飲みに行くどころか、ワンコインランチもままならなかったとのこと。

　結局、先生が自腹で"お祝い会"を開かれたとのことです。「うれしい誤算でした」と口にされたときの笑顔がいまでも忘れられません。習慣とは、そういうものなのだと思います。

　ネガティブことばが出てしまったことを後悔する必要は一切ありません。ついつい出てしまったら、すぐに、強制的に、「でも！」と口にしてみてください。そのあとには、必ずポジティブことばが出てくるものです。

　非言語情報で心の扉を開けることができたなら、さらにポジティブことばによって、「もっと聞きたい！」「もっとお話ししたい！」と思ってもらえる状況をつくっていただきたいと思います。

相手の中にある答えを「質問」で引き出す

ここまで、「非言語情報」によって、相手の心の扉を開き、「ポジティブことば」によって、「もっと聞きたい！」「もっと話したい！」と思ってもらえる状況をつくるところまでお話ししました。ここから、本当のコミュニケーション、すなわち「相互意思疎通」レベルのコミュニケーションを実現するための本論に入っていくことになります。

（1）質問が有効な理由

その前に、"自分"が「思っていること」「考えていること」「感じていること」を、"相手"に「伝えたい」「知ってほしい」「わかってほしい」と願うならば、まず知っておいていただきたいことがあります。それは、**人は自分に関心をもってくれる人に関心をもつ**ということです。ご自身を振り返ってみても、納得のいく視点ではないでしょうか。

そして、この視点を実現するためには、**質問からアプローチする**ことが有効です。質問は、何よりも「あなたに関心をもっています」という気持ちを伝える、最もダイレクトでわかりやすいアプローチ方法だからです。

さらに人は、**人の話を聞くよりも、自分の話をするのが好き**という特性をもっています。質問されるということは、自分の話ができる機会を与えられるということです。まさに**質問ほど、好ましいコミュニケーションを実現することができる手段はない**といっても過言ではありません。

（2）人間心情の特性をつかむ４つのポイント

さて、よい質問をするためには、どうしても欠かせないものがあります。

それは、**「知りたい、知りたい、知り尽くしたい」という姿勢・心情**です。そこからは、必ず「なぜ？」「なぜ？」「なぜ？」という問いかけが生まれてきます。この問いかけこそが、「相互意思疎通」レベルのコミュニケーションを実現していくための要諦といえるものです。

そのうえで、好ましい質問をするためには、人間の心情の特性を知り、その特性にマッチした対応をしていく必要があります。以下、4つのポイントを挙げて説明していきます。

① 人の頭の中は混沌としている

人は、1分間に8億個の物事を想起する力があるといわれています。逆にいえば、それだけ人の頭の中は「混沌としている」ということです。ゆえに、好ましい質問をするためには、「混沌としている」ことを踏まえ、糸のほつれを1つひとつほぐしてあげるような質問をすることが大切です。

その点、私たちには素晴らしい“武器”があります。それは試算表、決算書、内訳書などです。それらの数値の変化に対して、

「なぜ増えたのか（減ったのか）」
「何が変わったのか」
「今後、どのようになっていくのか」

などと質問していくのです。

経営者は24時間365日、自社の経営のことを考えています。しかしながら、1分間に8億個もの物事を考えることができる脳の機能が、1つひとつの課題に対する答えを導き出す機会を阻害しています。売上のことを考えていたら、いつの間にかコストダウンに話が飛び、そのうち人材育成や資金調達の話に逸れていく。そして結局、何も答えが出せないまま、次の予定に追われていく。多くの経営者は、そのような日々を送っているものです。それを質問によって紐解いてあげるのです。

「試算表を見ますと、売上が減少傾向にありますが、何か原因は考えられますか」

「原価率が上がってきていますが、今後はどのように変化していくとお考えですか」

「資金残高が増えてきていますが、考えておられる投資はありませんか」

など、私たちが提供している諸資料に基づいて、「なぜ？」「なぜ？」「なぜ？」と繰り返していきます。その結果、日頃混沌としたままで終わってしまっている社長の頭の中の課題が整理され、それまで導き出せずにいた解が見えてきます。これこそが私たちの仕事であり、信頼の源であるといえます。まずは、**経営者の頭の中にすでにある答えを引き出す**ことが私たちの仕事であるという認識が大切です。

② 人は、人の言葉で説得されるよりも、自分の言葉で納得したい

　これは、みなさんも思い当たる節があるのではないでしょうか。単語1つとっても、勝手に言い換えられると、あまり気持ちのよいものではありません。質問によって導き出された回答に対しては、相手の言葉を大切に使うことを心がける必要があります。

③ 人は、「言っていること」「やっていること」が一致しているとは限らない

　質問に対する相手の回答に対して、「日頃、言っていることや、やっていることと全然違っているな」と疑問に感じることもあるでしょう。しかし、この**「言動不一致」も、その人そのもの**です。「いまはできていないけど、本当は、そうしたいと思っているんだ」などと受け止めればよいのです。

　言っていることとやっていることが違っているという事実を受け入れ、なぜそのような違いが生じているのかを、「知りたい、知りたい、知り尽くしたい」の精神で、明らかにしていきましょう。

④ 人は、背中を押してくれることを望んでいる

　頭の中が混沌としていても、言動が一致していなくても、人は「こうありたい」「こうなりたい」「こうしたい」という "理想" というものをもっているものです。しかし、様々な理由によって、その理想にたどり着けずにいます。そんな自分を変えたくて、人は「背中を押してくれる人」を求めています。

　混沌とした "相手" の頭の中を、"相手" の言葉で整理し、"相手" の本当の思いを知り、そっと "相手" の背中を押してあげる、これが最良のコミュニケーションのゴールといえるでしょう。

（3）「SPIN話法」でコミュニケーションの達人に

　効果的な質問法として、「ＳＰＩＮ話法」をご紹介します。「ＳＰＩＮ」とは、「Situation（状況）」「Problem（問題）」「Implication（示唆）」「Need-Payoff（解決）」の頭文字を取って名付けられたもので、「状況質問」「問題質問」「示唆質問」「解決質問」の順で、質問をしていくことで、相互に納得がいく結論を導き出すことを目的とした話法で、具体的には**図表4-7**のように質問を展開させていきます。

　この例では、試算表に基づいてお客様の近況を尋ね（状況質問）、その中から問題と感じておられることを聞き出し（問題質問）、その問題を放置することの影響を確認したうえで（示唆質問）、どうしたらその問題を解決できるかを引き出す（解決質問）という筋立てになっています。

　この４つのステップを駆使して、好ましい質問のありようを身につけていくことが、"コミュニケーションの達人" への近道となるのです。

　このＳＰＩＮ話法は、単に解決策を見出すだけでなく、**相手の頭の中を活性化し、整理する**ことができ、結果として、**相手の「思っていること」「考えていること」「感じていること」を共有する**という、コミュニケーションの目的を果たすことができるようになります。

図表4-7　ＳＰＩＮ話法

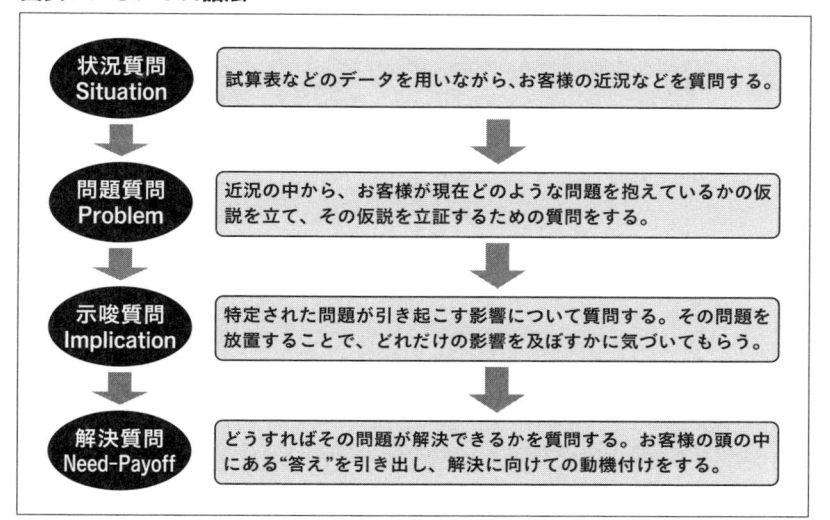

　そして、**相手の課題を発見し、解決し、成果を実現する入口に一緒に立つ**ことができるようになるのです。これこそが、"コミュニケーションの達人"になるための奥義です。

　ＳＰＩＮ話法はお客様のみならず、あらゆる機会で応用可能ですので、ぜひ訓練を兼ねて利用してみてください。

適切なツールで「接点」を最大化する

「非言語情報」によって相手の心を開き、「ポジティブことば」によって相手の聞く耳をつくり、「効果的な質問」によって信頼を得ることができれば、その人はまさに"コミュニケーションの達人"といえます。

しかし、繰り返しになりますが、**人は忘れる生き物**です。その時々にはおおいに満足いただけたとしても、時間の経過に伴い、徐々にその満足度は低下していくものです。

（1）コミュニケーションの接点を増やす

この問題を解決するためには、**コミュニケーションの接点の量を増やす**しかありません。**月1回2時間の面談よりも、毎日5分の立ち話のほうが、質のよいコミュニケーションが取れる**といわれます。勤務日数が月24日とすれば、毎日5分で120分ですから、合計2時間です。同じ2時間でも、月1回2時間よりも毎日5分のほうがいいということです。よって、コミュニケーションの達人になるためには、**コミュニケーションの頻度を高めることが大切**であるといえます。

一方で、1人のお客様に使うことができる時間がふんだんにあるわけではありません。もちろん、最良のコミュニケーション手段は、「会ってお話しする」ことです。しかし、それではとても時間が足りません。したがって、コミュニケーションの取り方には工夫が必要です。

そもそも人と人のコミュニケーション手段には、おおむね**図表4-8**のようなものがあります。

手紙については、「ビデオ通話や電話よりも充実度が高い」ことに疑問

図表4-8 コミュニケーション手段とその特性

充実度	手段	手軽さ
大 小	面談 手紙 ビデオ通話 電話 メール チャット SNS	小 大

を感じられる人もいるかもしれません。ここでいう手紙は、あくまでも手書きによるものを想定しています。"手書きの手紙"をいただいたときのことを想像してみてください。間違いなく心に残るでしょう。その意味において充実度が高いのです。

もちろん、「文字に表わすのが難しい」場合や、「誤解のないように伝えたい」内容などでは、ビデオ通話や電話のほうがよいでしょう。内容によって充実度が入れ替わると考えてください。

いずれにしろ、これらの手段を適時適切に使い分け、コミュニケーションの接点と頻度を増やしながら、満足度を維持・向上させていくことが肝要です。

（2）好ましい「報告・連絡・相談」のあり方

さて、それぞれの接点における内容ですが、**お客様との間で交わされる「報告」「連絡」「相談」に関わるもの**と考えていただいてよいでしょう。「報告」「連絡」「相談」は、最もコミュニケーションを豊かにする方法なのです。

そこでまず、それぞれの意味について考えてみたいと思います。「報告」「連絡」「相談」の意味と対象となる人をまとめると、次ページ**図表4-9**のようになります。

図表4-9 報告・連絡・相談の意味と対象者

項目	意味	対象
①報告	ある任務を与えられた者が、その経過や結果などを述べること	上司・依頼者
②連絡	情報などを互いに知らせること	相互
③相談	問題の解決のために話し合ったり、他人の意見を聞いたりすること	相互

　良質なコミュニケーションを図ろうとする場合は、特に次の点を意識しておく必要があります。

① 報告

　「報告」は、求められてするものではありません。あるべき報告がなされなかった場合、お客様の信頼を失うに留まらず、ことによっては、お客様を危機に陥れてしまうような状況を招くおそれさえあるのです。税理士事務所にとって、お客様に対する報告とは、それほどに重要な任務であると認識する必要があります。

　特に「悪い報告」「できない報告」こそ、率先して行なわなければなりません。それは、

- 約束していたことが守れそうにない、または、その予測がなされたとき
- 事前にお伝えしていた予測と、実際との間に大きな開きがあることがわかったとき

などです。もしかするとその報告内容は、お客様の怒りを買うこともあるかもしれません。それでも、勇気をもって行なうことが肝要です。

　事前に伝えれば"説明"、事後に伝えれば"言い訳"といわれます。繰り返しになりますが、「悪い報告」「できない報告」こそ、率先して行ないましょう。そのような姿勢は、結果としては大きな"信頼"として帰って

くるものです。

　また、報告に際しては、**事実を、正確に、ありのまま伝える**こと。そして、簡潔にわかりやすく報告するために、

の順に説明するとよいでしょう。
　さらには、

　　□必要と思われる資料を添付する
　　□重要なもの、複雑なもの、数字・図面を伴うもの、記録に残すもの
　　　などは、必ず文書にして提出する

などを心がけることにより、よりいっそう信頼感が高まります。
　いずれにしろ、「報告」に際しては、常に「相互意思疎通」が目的であることを意識して行なうことが大切です。

② 連絡

　「連絡」とは、お客様にとって必要な情報を円滑かつ適時適切にお伝えすることを指します。さらには、必要最低限の情報だけでなく、プラスアルファの情報をお伝えすることができれば、より信頼感を高めることができます。「連絡」の"好ましさ"は、情報伝達の質と量によって左右されるものと認識が必要です。
　一方で、図表4-9にもあるとおり、「連絡」の対象は「相互」です。実は、「連絡」とは、こちらからの一方的な情報提供だけを指すわけではありません。お客様からの「連絡」の質と量も好ましいものであることが、その"好ましさ"のバロメーターといえます。お客様がこちらから提供する情報に心から満足されていれば、お客様が提供してくださる情報もおのずと

増えるものなのです。相互に質・量ともに優れた情報伝達を行なうことができる関係を構築するためにも、こちらから質・量ともに優れた情報伝達を行なうよう、心がけていきましょう。

さて、情報を伝達するうえで特に留意したいのは、**タイミングを逸しないこと**です。情報の価値は、そのタイミングによって、たとえば1億円の値打ちがある場合もあれば、全く値打ちがなくなる場合もあります。

また、情報伝達においては、以下の点に留意するようにしましょう。

- 「言った」「聞いてない」といった問題が生じた場合、明確な証拠がない限り、責任は情報を伝達した側にある。
- 情報に不足はあっても、過ぎることはない。より多くの情報をお伝えする。

③ 相談

「相談」は、とりもなおさず、**相談をする人とされる人との信頼関係に大きく影響される**ものです。言い換えれば、お客様からの「相談」は、自分に対する"信頼度"のバロメーターです。もし仮に、十分な「相談」を受けることができていなかったとすれば、その原因をいち早く明らかにして、対策を打つ必要があります。

一方で、「相談」は**相談をする人の成長意欲・目標達成意欲の影響を受けるもの**でもあります。まずは、お客様とともに、お客様にとっての"あるべき姿"を共有し、ともにその"目標"を達成していこうとする互いの意思と意欲を確認してみてください。

その姿勢が、よりいっそうの信頼関係を生み、さらなるコミュニケーションの充実をもたらすことになるでしょう。

事務所全体で情報を共有するために

　ここまでは、一担当者の立場で述べてきました。しかし、税理士事務所にとってお客様との接点は、担当者1人だけのものではありません。

　そもそもお客様との契約は、事務所と結ばれています。担当者はあくまでも両者の間を取り持つ"コミュニケーター"的役割を担っているといえます。ゆえに、お客様に関わる情報を「担当者だけが知っている」状態にしてしまってはいけません。

　そこでおすすめしたいのが、**お客様とのやりとりを「報告書」に残す**ことです。これにより、お客様とのやりとりの内容が全職員に共有されますから、仮に担当者が休んだ日にお客様から問い合わせをいただいたとしても、出勤している人たちで対応することができます（**図表4-10**）。また、

図表4-10　報告書の例

種別	003 月次報告 ▼ ※種別を選択すると業務内容に、報告書テンプレートが挿入されます。
ランク	○A ◉B ○C
日時	2019 年 05 月 01 日 （水） 10 時 00 分 ～ 2019 年 05 月 01 日 （水） 12 時 00 分 ※日報提出済みの日を指定して登録すると、日付の変更ができなくなります。
工数	2 時間 0 分
顧客	01001　01001 熊井建設株式会社 ▼　担当先以外を選択
相手	熊井社長
業務分類	A01　A01 月次業務 ▼
タイトル	月次訪問
業務内容	B I U S A A ▼ フォント... ▼ 13px ▼ 🔗 ⌗ ▦▼ — I₊ ↩ ↪ ⟨⟩ 【概況】 ・業績は、おおむね良好。 ・来月、工場増設工事開始予定。 ・現在、中途採用実施中。決まり次第、入社させる予定。 【相談対応】 ・奥様方の相続相談あり→資産税部に依頼 【提供資料】 ・ニュースレター 【依頼事項】 ・特になし 【宿題】 ・設備投資に係る助成金申請の仕方（次回訪問日までに）

担当の引き継ぎや税務調査立会いなども、きわめてスムーズに、かつ手間なく行なうことが可能になります。報告書を上手に活用することで、**お客様と事務所とのコミュニケーションレベルを最大限に高める**ことにつながるのです。

また記載した本人にとっては備忘録となりますし、「言った」「聞いてない」などという、お客様とのコミュニケーション上のすれ違い、行き違いを排除することにもなります。

このように「報告書」は、お客様と担当者、お客様と事務所のコミュニケーションにとって、欠かせないものであるといえます。「報告書」については184ページ以下「記録を残す」の項をご参照ください。

上記と並行して、ニュースレターやメールマガジン（以下、メルマガ）などの活用によって**担当者の負担をできるだけ少なくしながら、お客様とのコミュニケーションの接点および頻度を高める**ための工夫も大切です。

本来、お客様への情報提供は、担当者がそれぞれのお客様の顔を思い浮かべながら工夫をし、手間をかけて行なうことがベストです。しかし、かなりの工数を要しますし、その内容は担当者によってばらつきが出たり、最悪のケースでは情報提供されないケースが発生することもあり得ます。要するに担当者任せにしてしまうと、お客様によって受けることができるサービスに差ができてしまう可能性があるということです。これは決して好ましい状態とはいえません。

その点においても、ニュースレターやメルマガなどは有効です。担当者による情報提供のばらつきを排除し、定期的に経営者が求める情報を届けることができるようになるからです。

事務所とお客様とのコミュニケーション接点を増やすためにもぜひ検討してみてください。

適切なクレーム対応で さらなる信頼関係を築く

　真の"コミュニケーションの達人"を目指すにあたって、最後の難関があります。それは「クレーム対応」です。クレーム対応は、"コミュニケーションの達人"になるために必要不可欠な能力といえるものです。そこで本項では、"クレーム対応の達人"になるための視点について考えてみたいと思います。

（1）クレームとはいかなるものか

　クレーム対応にあたっては、まず最近のクレーム事情について理解しておく必要があると思います。その特徴としては、

- 個人の欲求を主張しやすい世の中になっている
- 「自分が大切にされているか」が判断基準になっている

という点が挙げられます。そして、その前提としてあるのは、**過去の常識は通じない**ということです。**これまでは許されたことが許されなくなってしまった**という現実を、まずは受け止める必要があります。

　そのうえで、「クレーム」というものを捉える必要があるのですが、そもそもクレームに対して、みなさんはどのようなイメージをおもちでしょうか。一般的には、

クレーム ＝ 苦情・文句・不満

という印象が強いのではないかと思います。しかし英和辞典を紐解けば、

Claim ＝ 主張・要求・要望・請求

と訳されています。要は、私たちに「やってほしいこと」「なってほしい事務所」「あってほしい状態」を主張し、要求・要望し、請求していただいているということです。すなわち、「クレームをいただく」ということは、**"私"や事務所に対する期待の表われ**といえるのです。苦情・文句・不満しかなければ、黙って去っていかれるはずです。

　したがって、クレームをいただいたら、**「言いたくないことを言ってくださる」ことに、心から感謝する**といった受け止め方が肝要です。

（2）とにかく徹底して"傾聴"すること

　このような前提条件に立ったうえで、好ましい対応をするためには、いくつかのポイントがあります。その1つが徹底して"傾聴"することです。

　ご自身がクレームを発する立場だったとき、次のような反応をされたら、どのような感情が芽生えるでしょうか。

「そんなことはしていません（言っていません）」
「おっしゃっている意味がわかりません」
「それは誤解です」「私だって頑張っているんです」

「それはそちらの事情ですよね」

　これでは、「二度と会いたくない」と思われても仕方がないでしょう。自分に原因があるかどうかは別として、実際にクレームを受ける立場になってしまった以上、その事実を受け止め、そのような状況を生み出してしまったことを心から反省したうえで、次のような対応をすることが肝要です。

「はい」「そうですね」「おっしゃるとおりです」「そのとおりです」
「それは大変ご面倒（ご迷惑）をおかけしました」
「ご事情、お察し致します」「私（ども）も気づいておりませんでした」

　大切なのは、**"受容"** と **"共感"** です。何よりも「私の言いたいことをわかってくれる」と思っていただくところからクレーム対応が始まるのだという認識が必要です。
　そして、もう１つ大切なことがあります。それはクレームを口にされるときには、**不平・不満が極限まで溜まってしまっている**という認識です。最初は「これくらいは我慢しよう」と思っておられたはずです。しかし、「これはちゃんと言っておかないといけない！」と我慢ができなくなったときにクレームが顕在化するという認識が必要なのです。

　したがって、クレームをいただいたら、今回のことだけでなく、過去の事象にも目を向ける必要があります。「他にもご不満な点はございませんでしたでしょうか？」などと、過去にさかのぼって徹底的にお聞きしましょう。そのうえで、本当にすべてが出尽くしたときには、「いろいろ言ったけど、あなたたちに期待しているから言っているんだ。これからもよろしく頼む」といった言葉が返ってくるはずです。そのような言葉がお客様の口から出てくるまで、徹底的に傾聴しましょう。

（3）好ましいステップを踏襲する

　傾聴によって、クレーム発生のすべての原因が明らかになったら、次のようなステップを踏むとよいでしょう。

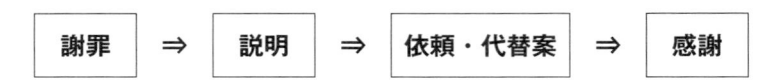

　まず、クレーム発生の原因の如何を問わず、お客様にクレームの感情を抱かせてしまったことに対して、心から「申し訳ない」と思う気持ちをお伝えしなければなりません。

　そして、そのような結果になってしまった原因を、“自責”で考えてお伝えしたうえで、今後、そのようなクレームをいただくことがないようにするために、どのような対策・対応をするのかを納得いただけるまでご説明します。

　一方で、現状では解決できない問題もあるかもしれません。そこで大切なのは、**できないことは「できない」とお伝えする**ことです。できないことを「できる」と答えて、また新たなクレームを生むようでは、本末転倒です。きちんと“できない理由”をお伝えしたうえで、お詫びをしましょう。

　また、クレームの原因が、すべて担当者や事務所だけにあるとは限りません。お客様に原因がある場合もあります。よって、今後、同じような問題を生じさせないようにするためにお客様にご協力いただく、もしくは、変えていただかなければならない内容については、きちんと依頼をする、または、お互いにそのような状況を再発させないようにするための代替案を提示することも大切です。クレーム対応とは、決して「泣き寝入り」することではありません。

　そのような対応をするなかで、きちんとご理解をいただけたならば、最後に感謝の気持ちを伝えましょう。

なお、この一連のやりとりのなかで、決して口にしてはいけない言葉があります。それは、次のようなものです。ついつい口から出てしまう言葉もありますね。細心の注意を払って言葉を選びながら話しましょう。

【タブーワード】
□否定・拒否　「できません」「わかりません」「知りません」「違います」
□禁止言葉　　「担当ではありません」「先ほども言ったように」
□不安　　　　「多分」「恐らく」「～だと思うのですが」「さあ」
□口癖　　　　「いちおう」「ちょっと」「あのう」「えーっと」「っていうか」「ま～す」「けどぉ」「でぇ～」「とかぁ」

　最後に、事務所としては、次のような「再発防止策」をとっておく必要があります。

□クレーム内容と対処策を記録し、関わっている人への周知・告知を徹底する
□改善のための指導・教育を行なう
　（マナーの徹底、コミュニケーション力向上、報告・連絡・相談の強化など）
□改善事項・行動目標が実行できているかを確認する

　クレームの発生は、よりよい事務所への改革に向けた最適・最良のタイミングです。ぜひそのような認識に立って、「クレーム対応」に取り組んでいただきたいと思います。

税理士事務所が備えたい コンサルティング能力

ここまで、"コミュニケーションの達人"になるための具体策をお読み
いただいて、気づかれたかもしれませんが、**"コミュニケーション能力"
は"コンサルティング能力"そのもの**といっても過言ではありません。

経営コンサルタントには、お客様によりよい会社になっていただくよう
にサポートする能力が求められます。しかし所長以外のコンサルタントの
多くは、経営者の経験がありません。経営者の経験のない人に、経営者の
指導をすることはできません。また、たとえばそのお客様がスーパーマー
ケットを経営されていたとしましょう。しかしほとんどのコンサルタント
は、スーパーマーケットを経営したことはないはずです。ゆえに、スー
パーマーケット経営に関しては、お客様がプロであり、私たちは素人です。
素人がプロにアドバイスすることなどできるはずがないのです。

この点において、税理士事務所の方々に誤解があることが多いようです。
それは「経営コンサルタントは、経営に関する指導・アドバイスをしなけ
ればならない」という誤解です。

もちろん、税務についてはこちらがプロであり、お客様は素人ですから、
確かで間違いのない指導・アドバイスをしなければなりません。しかし経
営に関しては、お客様がプロであり、こちらは素人です。よって、**経営コ
ンサルタントの仕事は、指導・アドバイスすることではない**との認識が必
要です。

では、経営コンサルタントは、どのような役割を担う仕事なのでしょう
か。それは、**図表4-11**のようにまとめることができます。

コンサルタントの役割は、よりよい会社になっていただくために、まず

図表4-11 コンサルタントの役割

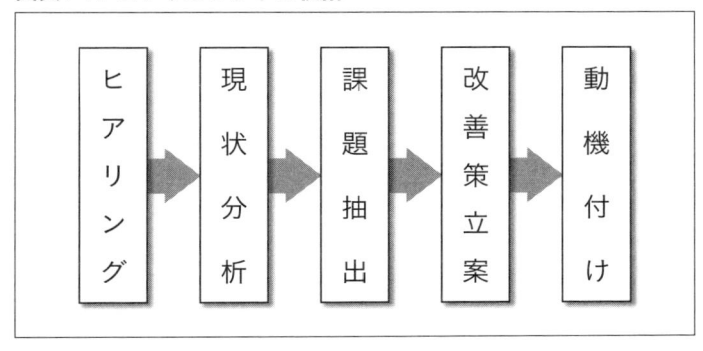

お客様の現状に対して、徹底して「ヒアリング」をすることです。そのときに必要な能力が217ページ以下で解説した"質問力"です。

「ＳＰＩＮ話法」（220ページ参照）を駆使して、徹底的にヒアリングをしていきます。そして、ヒアリングを通して不明な点が出てきたら、必要な「現状分析」を行ない、その分析結果を受けて、またヒアリングを実施します。上の図表では矢印はヒアリングから現状分析への一方通行になっていますが、実際にはヒアリングと現状分析は、納得感のある「課題抽出」ができるまでは、行ったり来たりします。

「ヒアリング」に際して、重要な姿勢・心持ちについて述べます。それは"思い遣りの心"です。ここでいう思い遣りとは、"あなた"が「思っていること」「考えていること」「感じていること」をベースにした思い遣りではありません。"相手"が「考えていること」「思っていること」「感じていること」から導き出されるものでなければなりません。

思い遣りの"遣"の字は、お遣いの"遣"です。よって、本当の思い遣りとは、**自分の心を相手の心にお遣いに出す**ことによって得られたもの、すなわち、相手が「考えていること」「思っていること」「感じていること」を知って、受け容れて、その"考え""思い""感情"に応えていくものでなければならないのです。

図表4-12 本当の"思い遣りの心"とは

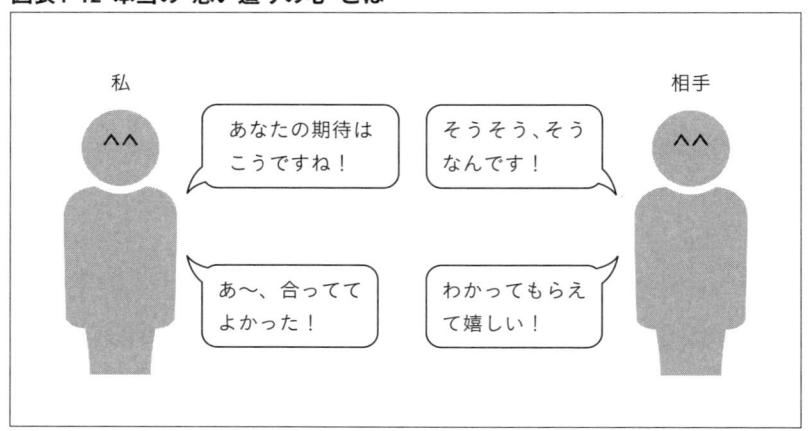

このような"思い遣りの心"に基づくヒアリングでなければ、本当の「課題抽出」に至ることはできません。そして、そのような姿勢でヒアリングに臨むことが、より高い"質問力"を身に付けていくことにもなるのです。

また、ヒアリングに際しては、**常に「経営理念」に立ち戻る**という姿勢が必要です。

経営理念とは、経営者が企業経営に対してもつ基本的な価値・態度・信念や行動基準であり、経営哲学ともいわれるものです。平たくいえば、**経営者の経営に対する熱い思い**です。

ヒアリングを進めていく際、ときに迷いや悩みに立ち往生してしまうことがあります。そのときには常にこの経営理念、すなわち「経営者の思いに立ち戻って考える」という姿勢が大切です。そのような姿勢こそが、思い遣りの心の表われといっても過言ではありません。そのような姿勢で実施されたヒアリングによって導き出された"課題"は、互いに「この課題が解決すれば、間違いなくよりよい会社になる！」と確信がもてるものとなります。

「課題抽出」が終われば、次に「改善策立案」になります。この"改善策"についても、指導・アドバイスの必要はありません。なぜならば、**改**

善策も、すでに経営者の頭の中にあることがほとんどだからであり、「やらなければいけないとは思っていたけれど、やはり必要だね」ということが多いものです。経営コンサルタントの仕事は指導・アドバイスすることではなく、経営者の頭の中にある答えを引き出してあげることなのです。

　もちろん、「他社ではこのような事例があります」といった"情報"の提供は重要です。しかしそれらの内容は、そのお客様にとっての"答え"ではありません。あくまでも判断材料の１つにすぎません。その点を認識したうえで、コンサルタントには、**より多くの"情報"を提供できるよう、より多くの"経験"を積んでいく**という姿勢が求められます。

　"改善策"が明らかになれば、あとは実践あるのみです。しかし人間は弱いものです。特にこれまでやっていなかったことに取り組むのは、相当の覚悟と勇気が必要です。そのときにコンサルタントに求められるのが「動機付け」です。**結果が出るまで、ときに父親のように厳しく、母親のように優しく背中を押してあげる**ことを心がけてください。

　もしかすると、「現状分析」→「課題抽出」→「改善策立案」のステップは、ＡＩがやってくれる時代が来るかもしれません。しかし、思い遣りの心から行なわれる「ヒアリング」と、相手の状況に合わせて行なう「動機付け」という機能は、人の手から離れることはありません。そしてこの２つの役割を高いレベルで実践するためには、コミュニケーション能力が欠かせません。ぜひ"コミュニケーションの達人"となって、お客様にとって、なくてはならないコンサルタントとなっていただきたいと思います。

「機能分解」で組織を再構築する

5 ① "機能"を分解して組織を見直す

　業務とコミュニケーションのあり方を含む「仕事の仕方」の改革について、ひととおり解説を終えたいま、検討していただきたいことがあります。それは「組織」の改革です。

　多くの税理士事務所では、1人の担当者が1件のお客様のすべての業務を行なう、いわゆる「1クライアント1担当制」を採っていることが多いと思います。なかには、業務の一部をアシスタント的な人がお手伝いしていることもあるでしょうが、責任の所在が担当者1人に集約している状態であれば、1クライアント1担当制であるといえます。

（1）「1クライアント1担当制」の問題点

　この体制では、お客様のすべての情報が一極集中で担当者に集まってくるとともに、他のメンバーとの調整が不要であるために、担当者としては自分の都合に合わせた業務の遂行が可能です。また、お客様にとっても、担当者に伝えさえすればワンストップで対応してもらえますから気軽さがありますし、"顔馴染み"という安心感が得られやすいものです。

　しかし、税理士事務所の生産性の低さの原因の一端は、お客様に関わる情報が担当者1人に集約されることにより、**「担当者しかわからない」状況になりやすい**ことにあります。その結果、

- ●手伝ってあげたくても手伝えない
- ●効果的・効率的な業務の実現に向けた適切なアドバイスができない
- ●問題やミスなどに気づかないまま業務が進んでしまい、そのリカバリーに相当な時間を要してしまう

などの問題が生じ、生産性を著しく阻害するようなことが起こり得ます。

　さらに、１クライアント１担当制には、生産性を阻害する大きな要因が潜んでいます。それは、**不得意なこともやらなければならない**ということです。

　「会計業務」には、おおむね**図表5-1**のような"機能"があります。この一連の機能を、すべて１人の担当者が担う体制が、１クライアント１担当制です。

図表5-1　会計業務の機能分解

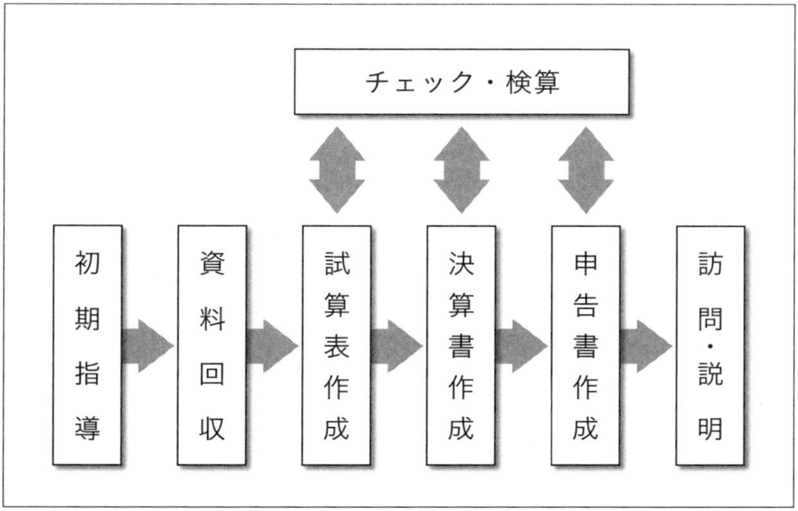

チェック・検算

初期指導 → 資料回収 → 試算表作成 → 決算書作成 → 申告書作成 → 訪問・説明

　しかし、なかには、

- お客様に説明するのは得意で好きだけど、所内業務は苦手
- 所内業務は得意で好きだけど、お客様に説明するのは苦手

という人がいます。

　前者のような人は、お客様の満足度も高く、紹介をしていただくことも多いようです。そして自分自身もお客様と接している時間に幸せを感じて

241

います。

　しかし、所内業務は苦手ですから、所内にいることが苦痛です。また、苦手なことをやっているわけですから、どうしてもミスやもれも多くなってしまいます。さらには、本来やらなければならない仕事を放置してしまうようなことさえあるようです。これでは決して生産性の高い仕事は実現できません。

　一方で、後者のような人は、たとえば、12か月目の試算表の最終利益の額と、確定した決算の最終利益の額とがほとんど違わない、というくらい所内作業の精度が高く、かつその処理スピードも速い、という人が多いようです。そして、所内にいる時間に幸せを感じています。

　しかし、お客様と接することは苦手ですから、とても素晴らしい仕事をしているにもかかわらず、お客様の満足が得にくく、最悪の場合、担当変更を求められてしまうこともあるようです。本書で目指す業務改革における生産性向上の方向性は、"時短"と"拡大"の両立にありますが、時短には大きく貢献してもらえても、拡大の力になってもらうことは難しいかもしれません。

　このように、1クライアント1担当制には、各人はとても素晴らしい力をもっているのに、**"適材不適所"になっているために、優れた力を100%発揮できていない**ということになってしまっている可能性があります。もったいないことです。

（2）時代の変化に合わせて"人"と"機能"を見直す

　そもそも税理士事務所において、これらの一連の"機能"をすべて同じ人が行なうことが絶対条件なのでしょうか。

　たとえば、上記の機能を、一般的な製造業にあてはめて考えてみると、**図表5-2**のようになると思います。

図表5-2 製造業の機能分解

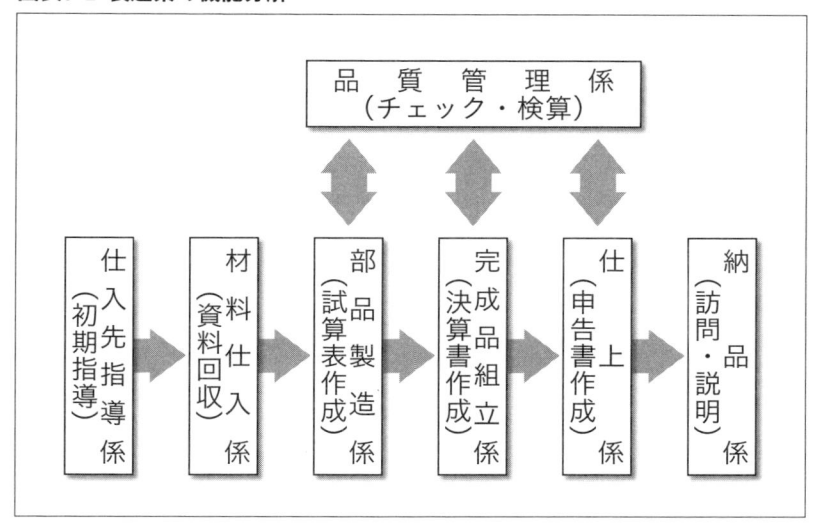

　製造業においては、その仕事の特性によって機能を区分し、それぞれの機能に対して適材適所で役割分担されています。しかし、税理士事務所では、適材適所よりも1クライアント1担当制が優先されることが多い。それはなぜなのでしょうか。

　その理由としては、業界の生い立ちに一因があると考えられます。この業界は、1942（昭和17）年に制定された「税務代理士制度」に端を発し、1951（昭和26）年の「税理士法」制定、そして1956（昭和31）年の第一次税理士法改正で、「税理士業務を行おうとする者は、税理士登録を行い、かつ税理士会に入会しなければならない」とされたことによって確立しました。

　当時は生まれたばかりの業界であったため、税理士需要に対して供給が著しく不足しており、業界最大の課題は、税理士登録者数を増やすことにありました。そして、当時税理士事務所に入所するということは、いずれ税理士資格を取得して、独立・開業していくことが当たり前のことでした。

　いずれ独立・開業するのであれば、事務所運営はもちろんのこと、税務

に関するあらゆる業務ができなければなりません。要するに、１クライアント１担当制を採用することは、必要不可欠なことであったわけです。

しかし、時代は変わりました。資格を取得しても独立・開業することが当たり前ではなくなってきました。また、資格取得を目的としないで入ってくる職員も増えてきています。すでに１クライアント１担当制が必要不可欠なことではなくなってきているのです。

もちろん、前述のとおり、１クライアント１担当制には大きなメリットがあります。また職員の方にとっても、**すべての業務を高いレベルで実現できるようになる**というゴール、すなわち "ゼネラリスト" を目指すことは、魅力的なキャリアステップであり、モチベーションにもなることだと思います。また、そのような人材を育てたいと思われる所長先生も多いのではないでしょうか。

しかし、生産性向上という観点からは、ベストな選択ではない可能性があります。また、最終的にはゼネラリストを目指すとしても、キャリア形成の１プロセスとして、**まずは１つの機能の技術向上に専念する**、すなわち、**スペシャリスト機能を１つひとつ増やしていくことでゼネラリストに到達する**というようなキャリアステップが用意されていても、悪い話ではないと思います。

まずは１クライアント１担当制でなければならないというこれまでの常識を一度横において、**組織のありようを根本的に見つめ直す**価値は、決して低くないと思います。

5 ② 「機能分担図」の作成で役割を明確にする

　下に掲げた**図表5-3**をご覧ください。これは、前項で説明した会計業務の機能を、どのように分担するかを明らかにするためのものです。

図表5-3 機能分担図の例

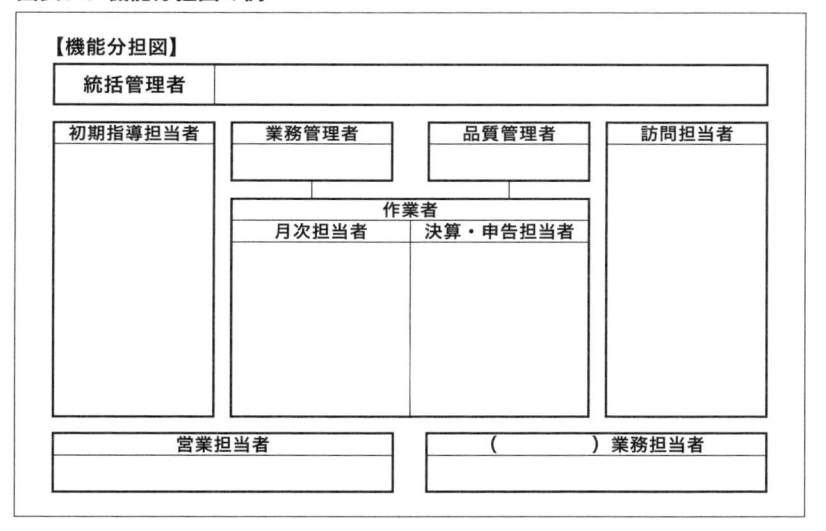

　それぞれの役割は、以下のようになります。241ページの図表5-1も参照いただきながら、確認していってください。

☐ 初期指導担当者

・その名のとおり、新規契約先の「初期指導」を担当します。

・業務改革の実践においては、何よりも入口が大切です。この初期指導の精度が、その後、効果的・効率的な仕事ができるかどうかを左右するといっても過言ではありません。

・お客様を事務所標準に正しく導くことができる力が求められます。

□ **業務管理者**
・「月次業務」ならびに「決算・申告業務」の業務管理を担当し、かつ、所内業務におけるお客様との窓口になります。
・「作業者」を育成しつつ、指示・命令を行なって、理想とする業務の遂行を目指します。
・そのうえで、次の3つの観点における責任を負います。
　□納期責任：お客様ごとに設定された納期を守ること。
　　　　　　例）訪問担当者の訪問予定日の○営業日前
　□品質責任：事務所で設定された業務品質を守ること。
　　　　　　例）12か月目の試算表の最終利益の額と、確定した決算の最終利益の額との差異：○万円以内
　□工数責任：お客様ごとに設定された目標工数を達成させること。
　　　　　　例）理想工数○時間÷（担当させる作業者の）成長係数○＝目標工数○時間
・ご自身の業務精度が高いことはもちろんのこと、「作業者」を育成・管理できる能力が求められます。
・「月次業務」と「決算・申告業務」の「業務管理者」を分けることもできます。
・「月次業務」においては、1人の「業務管理者」が120件のお客様を担当する事例もあります。

□ **品質管理者**
・主として、「決算・申告業務」における"税務品質"に対して責任を負います。
・「税務」および「申告業務」に対する高い見識が求められます。

□ 作業者

・「業務管理者」の指示・命令に従って、「月次業務」や「決算・申告業務」を行ないます。

・正職員の場合は、前掲図表5-1「会計業務の機能分解」における「申告書作成」業務から携わり、「申告書作成」→「決算書作成」→「試算表作成」とその役割を逆流させていくことをおすすめします。税理士事務所の最終製品である「申告書」とはいかなるものかをまず理解し、「申告書」から「決算書」を眺めることによって、理想の「決算書」はどうあるべきかを体感し、「決算書」から「試算表」を眺めることによって、月々の「試算表」のあるべき姿を明確に思い描くことができます。結果として、生産性の高い業務とはいかなるものかを正しく理解することができるようになるのです。

・前述の「成長係数」を設定するなど、自らの成長を感じられるような指示・命令をしていくことが肝要です。

□ 訪問担当者

・文字どおり、お客様とお会いし、各種帳票の説明や相談対応を行ないます。

・「訪問担当者」には、

　□会計処理上の不明点・懸念点などに対して、現認目視し、または事由聴取をすることで、税務判断の根拠を明確にする

　□数値から見たお客様の経営状況を解説し、また悩みや相談事項に対応することによって、お客様の満足を獲得・向上させる

　□毎月の訪問を通じて、「紹介案件の獲得」や「追加サービスの提案・受注」などの活動を行ない、新たな付加価値を見出す

　などの役割があります。

・高いコミュニケーション能力が求められます。

□ **営業担当者・（○○）業務担当者**

・「営業担当者」は、「訪問担当者」や提携先からいただいた紹介先への新規営業活動を行ないます。

・「（○○）業務担当者」は、「訪問担当者」が提案・受注してきた追加サービスを提供することを想定しています。事務所として強化・拡大していきたい業務については、特に専任にされることをおすすめします。

・いずれも、専任者を設けることで、「訪問担当者」に負荷をかけないようにするとともに、専門スキルをいち早く高めていくことが可能になります。

□ **統括管理者**

・複数の「初期指導担当者」「業務管理者」「品質管理者」「訪問担当者」を束ね、事務所全体の生産性向上を推進することが役割です。

・経営管理能力が求められます。

　このような観点で機能分解を行ない、それぞれの役割を果たすのは誰なのかを明確にしていくことになります。もちろん、複数の役割を1人の職員が"兼任"する場合もありますが、何よりそれぞれの役割を明確にすることが大切です。

5 ③ 各人の成長につながる「機能分担」の進め方

それでは具体的な「機能分担」の視点について考えてみましょう。

（1）機能分担時の留意点

　まず、それぞれの役割を担うのは誰がよいか、前項で示した「機能分担図」に名前を入れてみてください。兼任の場合は、複数欄に同一の名前が入ることになります。

　名前が入らない欄がある場合は、現状その役割を担うことができる人材がいないということです。その役割は、今後事務所として強化すべき機能であり、それを果たす人が採用・育成すべき人材であるといえるでしょう。

　特に「統括管理者」は不在となるケースが多いようです。しかし、それでも一向にかまいません。逆に「いつか自分が！」といった動機付けにつなげられるようにしていただければよいと思います。他の役割も含め、**事務所としての期待要件を明確にして、成長意欲を醸成する**ことを意識していただくとよいでしょう。

　また、なかには「1クライアント1担当制」のイメージが強い職員の方もいることと思います。それはそれでかまいません。それはひとえにゼネラリストとしての能力を保有しているということにほかなりません。それこそ将来的には、「統括管理者」としての役割を担っていただく人として位置づけられてもいいと思います。

　もしかすると、業務改革の取り組みに批判的という場合もあるかもしれませんね。しかし、それでも結構です。その人は、54ページで示したお客様区分のうち、S先、および標準化前のC先の担当をしていただく重要な

戦力といえます。

59ページでも説明したとおり、重要なのは、**職員1人ひとりの"長所"を集め、"集合天才"的組織を構築していく**ことです。その人にマッチした役割を担っていただければよいと思います。

次に、兼任の場合の注意点を解説します。組み合わせに注意して、最適な兼任体制を構築していただければと思います。

□ 初期指導担当者

「初期指導」の精度に最も影響を受けるのが「業務管理者」です。兼任の場合は、「業務管理者」の方が最適です。

逆に、兼任を避けたいのは「訪問担当者」です。「初期指導」終了後、毎月お客様にお会いすることになる「訪問担当者」は、どうしても強く言えない傾向にあります。自分が担当しないお客様であっても、"お客様目線"に立ちやすい「訪問担当者」の適任者は、どうしてもお客様に押されがちです。その点に留意していただくとよいでしょう。

□ 品質管理者

「訪問担当者」か「統括管理者」の方が兼任するとよいでしょう。もちろん、所長先生がその役割を担うことも多いでしょう。

「業務管理者」は、"セルフチェック"的になってしまいますので、できれば避けたほうがよいでしょう。

□ 訪問担当者

すでに述べたように、実際の新規営業活動や追加サービス業務については、「営業担当者」「○○業務担当者」といった専任者を設け、任せることをおすすめします。

しかし、多くの事務所では「そのような人材はいない」ことが多いようです。その場合、当面は「訪問担当者」が兼任することになります。それ

でも、いずれは専任者を設けることができるように検討していただければ
と思います。

（2）報酬についての考え方

さて、このような「機能分担」を行なった場合、1件のお客様に複数の
担当者がつくことになるわけですが、よく問題として取り上げられるのは、
「誰に報酬を付けるか」というものです。この点については、おおむね2
つの考え方があります。

① 報酬を割り振らず、関わったメンバー全員の"工数"に基づく時間単価で管理する

「そのお客様に関わるメンバー全員で時間単価向上に取り組もう！」と
いうような事務所方針をおもちの場合におすすめです。

図表5-4 時間単価（報酬）の算出例

▲ コード	◆ 顧客名	◆ 報酬	◆ 工数	◆ 時間あたり報酬
01001	暁井建設株式会社	600,000	83.00	7,229
01002	土井ロジスティック株式会社	600,000	109.50	5,479
01003	中本機工株式会社	600,000	48.00	12,500
01004	医療法人速水会赤坂医院	600,000	78.00	7,692
02001	DJS株式会社	600,000	62.00	9,677
02002	四川厨房有限会社	600,000	96.00	6,250
02003	majestic hotel 株式会社	600,000	72.00	8,333
03001	FYA株式会社	600,000	35.00	17,143
03002	ABCコーポ株式会社	600,000	50.00	12,000
03004	大平不動産株式会社	600,000	87.00	6,897

一方で、各々の責任の所在とその実現度が曖昧になるおそれがあります。そこで、各々が工数目標をもち、意識しながら業務に取り組むとともに、追加サービスの提案を含め、チームとしてどのように時間単価を高めていくかを検討していくことが肝要です。

　なお、時間単価の把握は、たとえば月次業務において業務分類が「訪問業務」と「所内業務」に分けられている場合、報酬は「訪問業務」のみに設定し、工数は「訪問業務」と「所内業務」を合算して算出することになります。

②「訪問業務」と「所内業務」それぞれに報酬を振り分ける

　前掲①とは反対に、「各々の責任の所在を明確にし、その実現度を高めていく」といった方針の場合におすすめです。

　たとえば、月額顧問料5万円の先について、「訪問業務」2万円、「所内業務」3万円といったように按分し、「訪問担当者」には、その報酬の減少分を、新規引受かそれに見合う業務を担当することで補っていく、また「業務管理者」およびそのチームには、按分された報酬から算出される「所内業務」の時間単価を高めていくことがその責任であり、かつ期待成果とするわけです。

図表5-5　訪問担当者と業務管理者の責任と期待管理

担当者	責任	期待成果
訪問担当者	□新規担当先引受け □新規業務引受け	□増収
業務管理者（チーム）	□業務効率化	□時間単価向上

　また、報酬の按分については、当面は事務所の実態、すなわち各々の工数の現状をベースに按分されるとよいでしょう。あまりに実態と乖離すると、目標達成意欲そのものが阻害されるおそれがあります。将来的には、あるべき事務所像を明確にし、そこから導き出される"期待成果"に応じ

た按分方法を見出していただければと思います。

　一方で、お互いの業務に無関心になるといったような弊害が起こる可能性があります。その点に留意したうえで、好ましい組織風土の維持・改善を心がけることが必要です。

　なお、時間単価の把握は、たとえば月次業務においては業務分類を「訪問業務」と「所内業務」に分け、それぞれに報酬設定を行ない、それぞれに時間単価を把握することになります（**図表5-6**）。

図表5-6　報酬設定例

報酬	2019年（平成31年） ∨												報酬設定
業務分類	1月	2月	3月	4月	5月	6月	7月	8月	9月	10月	11月	12月	計
A01／月次訪問	50,000	50,000	50,000	50,000	50,000	50,000	50,000	50,000	50,000	50,000	50,000	50,000	600,000
A02／月次所内	10,000	10,000	10,000	10,000	10,000	10,000	10,000	10,000	10,000	10,000	10,000	10,000	120,000
B01／決算業務					150,000								150,000
計	60,000	60,000	60,000	60,000	210,000	60,000	60,000	60,000	60,000	60,000	60,000	60,000	870,000

　このようにして当面の機能分担図を明確にしたうえで、次に、将来における理想の機能分担図を作成してみてください。名前が入らない場合は、「○」印を入れておきます。

　その数が、将来に向けた採用予定数であり、かつ育成対象人数ということになります。ぜひ、事務所としての理想の姿を明確にし、計画的に採用・育成をしていっていただきたいと思います。

第6章

新たな付加価値を生み出す
「営業活動」の鉄則

6-① 新たな付加価値を生む「営業活動」のすすめ

　ここまでは、業務改革で取り組むべき生産性向上というテーマについて、"分母の削減"、すなわち**現在取り組んでいる業務を、品質を維持・向上させながら、できるだけ短時間で行なえるようにする**ことにより、総労働時間を削減する手段を中心にお話ししてきました。

$$\text{1 人 1 時間当たり売上高}_{\text{(労働生産性)}} = \frac{\text{売上高}}{\text{総労働時間}}$$

　本章では、最後のテーマとして、**業務改革によって創出した時間で、新たな付加価値（売上高）を創出する**すなわち"分子の拡充"という視点について考えてみたいと思います。

　新たな付加価値を創出するためには、おおむね次のような取り組みをする必要があります。

　　□新規開拓・追加サービスの提案などの営業活動
　　□セミナー・執筆・ＳＮＳ活用などの広報活動
　　□新商品・新サービス検討などの開発活動

などです。25ページ以下で説明した「将来の成果の種となる時間」を、明確な意思をもって使っていくことが必要だということです。

　その中でも、**新たな付加価値を直接的に上げていく取り組みが「営業活動」**です。営業活動の重要性は、誰しも理解できるところでしょう。しか

し、税理士業界においては、多少苦手意識をもっている人も多いようです。理由をお聞きすると、次のような回答が返ってきます。

「新規先が増えると仕事量が増えるから、あまり増やしたくない」
「新規先の受入れは、既存先の引受けより何倍も大変だから、できればやりたくない」
「そんなに大変な仕事を引受けても、評価はあまり変わらない」
「そもそも、営業のような仕事が苦手だからこの業界に入った」
「営業しろとわれても、何をウリにしたらよいか、わからない」

しかし、業務改革の目的は、**"時短"と"拡大"の両立**にあります。これまで取り組んできた分母の削減のみならず、分子の拡充も併せて行なっていかなければなりません。その点において、営業活動は避けて通ることができない活動です。

そもそも、世の中一般の営業に対するイメージは、あまり好ましいものではないことが多いようです。

- 断っても断っても、しつこくアプローチされた
- 欲しくもないのに、強引に買わされた
- 買うまでは積極的だが、買ったとたん来なくなった

などという経験からくるイメージなのかもしれません。

しかし、真の営業活動とは、「嫌がるお客に無理やりハンコを押させる」ようなものではありません。
特に、税理士事務所における営業活動は、**お客様から「お願いですから当社の面倒を見てください」と言っていただける活動**でなければなりません。その点、一般的にいわれている営業活動のイメージとは異なっている

と思います。

　また、"営業力"を高めるとは、ただ単に「営業担当者」の個人的能力を向上させることではありません。本当の意味で営業力を高めるということは、**"売れる仕組み"をつくること**でなければならないのです。本章では、この視点に立ってお話ししていきたいと思います。

　一方で、**営業担当者は、事務所の中で最も優秀なコンサルタント**であるといえます。234ページでも述べましたが、コンサルタントの役割と業務の流れは、次のようなものでした。

> ヒアリング　→　現状分析　→　課題抽出　→　改善策立案　→　動機付け

　この中の改善策立案を「提案」、動機付けを「クロージング」と考えていただければ、高い"コンサルティング能力"がなければ、営業としての成果を上げることができないことは、ご理解いただけることと思います。つまり、優秀な営業担当者になるということは、最も優秀な「コンサルタント」になることと同義といえるのです。

　ゆえに、特にコンサルタント志向の強い人にとって、営業担当者になるということは、とても魅力的な"キャリアステップ"といえます。

6-② 事業領域を明確にして "らしさ" を確立する

"売れる仕組み" をつくるためには、まず事務所の生存領域を明らかにしなければなりません。すなわち、

①数ある税理士事務所の中で、何をもってこの社会に貢献するのか

②「誰に」「何を」「どんな方法で」提供することを事務所の役割とするか

を明確にすることです。これを **「事業領域」の明確化** といいます。

（1）事業領域を明らかにする

事業領域を定義することは、きわめて難しいものです。しかし、その定義があってはじめて、事務所の方向性が明確となり、その方向性にマッチした "売れる仕組み" をつくっていくことができるのです。

また、事業領域を明確にすることにより、税理士業界内におけるアイデンティティ、すなわちご自身の事務所 "らしさ" を確立することにつながり、お付き合いをしたい顕在的・潜在的なお客様に対して効果的・効率的にアプローチすることが可能になります。

21ページでも解説したとおり、そもそも、私たちの主たるお客様である **中堅・中小企業の最大の強みは、大きなマーケットを必要としないこと** にあります。

この強みは、そのまま私たち税理士事務所にもあてはまります。職員が5人なら5人、20人なら20人、100人なら100人の雇用を守ることができるだけのお客様がいれば十分です。そうであるならば、嫌なこと、苦手なこ

とにまで手を広げる必要はありません。つまり、**「好きなこと」「できること」「得意なこと」に絞り込む**ことが可能なのです。

　そこで、事業領域の明確化にあたっては、

- ● どんな人・会社・組織をお客様にしたいか
- ● どんなサービスを提供したいか
- ● どんな方法で提供したいか

を明らかにしていくことになります。それぞれ具体的に考えてみましょう。

（2）お付き合いしたいお客様を明確にする

　お付き合いしたいお客様については、おおむね次のような視点で考えればよいでしょう。

□ 業界別

・特定の業界に絞り込む視点です。

・それぞれの業界に特性があり、特化することによって、

　　□業務が標準化しやすい

　　□同業界のお客様の紹介が得られやすい

　　□その業界に関わる方々（仕入先や設備機器提供会社など）との関係が構築できれば、さらに紹介が得られやすくなる

　　□「○○業界ならあの事務所」といわれるようになれば、金融機関や業界団体などからも声がかかるようになる可能性が高まり、さらに拡大の機会が得られる

　　といったメリットがあります。

・1つの業界では不十分であれば、複数の業界をターゲットにして特化していくことになります。柱を1本、2本と立てていくイメージです。

・具体的な業界の内容は、総務省ホームページ内に掲載されている「日

本標準産業分類」をご参照ください。

□ 規模別

・会社や組織の規模によって絞り込む視点です。たとえば、

　　□起業・開業・新設法人　　□個人事業者　　□中小企業
　　□中堅企業　　□大企業

　など区分し、事務所としてサポートしていきたいお客様の規模感を明らかにします。

□ エリア別

・エリアを絞り込む視点です。

・エリアを絞り込めば絞り込むほど親密性が高まり、地域に根付いた事務所との印象が強まります。「地域密着型」を志向している事務所の方向性といえます。

・エリアを広げれば拡大の機会は増えます。ただし、移動工数が増えてしまう可能性がありますので、その点、留意が必要です。

・税理士法人であれば、支店を増やすことによって複数のエリアを選定することが可能になります。

・個人事務所が全国展開をしていくためには、次に説明する「特化サービス」の視点が必要になります。

（3）特化サービスを明確にする

特化サービスについては、次のステップで検討されるとよいでしょう。

Step1　サービスメニューの棚卸しをする

　□これまで取り組んできたサービス
　□これまでやってみたかったが、まだ提供できていないサービス
　□これから必要とされると考えられるサービス

Step2	4つの視点で評価する

　　□好きな仕事か、やりたい仕事か？

　　□取り組むことが可能か？　取り組んでいく覚悟がもてるか？

　　□競合事務所との差別化は必要か？　必要ならば差別化できそうか？

　　□収益性・成長性は高いか？　高めることができそうか？

Step3	特化するサービスメニューを選定する

Step4	そのサービスを提供していくうえでの課題を明確にし、改善策を立案・実践していく

（4）サービス提供方法を明確にする

　サービス提供方法については、次の視点で検討してみてください。

□　お客様との接点のもち方

　・お客様との接点のもち方には、おおむね次のような方法があり、それぞれメリット・デメリットがあります。

図表6-1　接触方法の種類

接触方法	メリット	デメリット
訪問型	□全体の小さな変化にも気づける □お客様の時間を最小限に抑えることができる（移動不要） □現場・現物でチェック・確認ができる	□移動時間がかかる □時間が拘束される □本題以外の時間に多くの時間が割かれる場合がある
来所型	□面談者の小さな変化に気づける □移動時間が抑えられる	□メリットがないと来ていただけない □時間が拘束される
ネット活用型	□時間の自由度が高い □効率がいい	□感情まではつかみにくい
非接触型	□時間を使わなくて済む	□いつ関与切れになってもおかしくない

・お客様の志向はまちまちです。1つの方法に限定せず、複数の方法を組み合わせることによって、高い満足と生産性の両立を図ることもご検討ください。

☐ 提携先の選定

・ターゲット顧客へアプローチをしていくうえで、提携先とタイアップを図っていくことを検討します。
・提携先については、おおむね次の視点で考えてください。
　☐同業（お互いに特化したサービスで、やらないと決めたサービスを補完し合う）
　☐他士業
　　　☐社労士　☐弁護士・司法書士・行政書士　☐不動産関係　など
　☐他業界
　　　☐銀行・信金等　☐保険代理店　☐ハウスメーカー　☐不動産業
　　　☐医療関係　☐葬儀社　☐介護施設　など

☐ 価格戦略

・「値付けが戦略」であるといわれます。どのような「価格戦略」をとるかが、その事務所の "らしさ" を明確にするものであるとともに、経営戦略上、とても重要な視点となります。
・一般的には、次のような視点で検討することになります。

図表6-2 価格戦略マトリックス

	高価格	中価格	低価格
高品質	プレミアム戦略	浸透戦略	超バーゲン戦略
中品質	過剰価格戦略	平均戦略	バーゲン戦略
低品質	ヒットエンドラン戦略	見せかけ戦略	安物戦略

・また、契約にあたっては、

□包括契約型

　□「基本料金＋オプション料金」型

の２つのタイプがありますが、これまでもお伝えしてきたとおり、「業務改革」においては、「時間単価」の観点から、「基本料金＋オプション料金」型をおすすめします。

3 お客様の "真の欲求" と 事務所の "強み" を知る

　「事業領域」が明確になり、お付き合いしたい「お客様」と、そのお客様に提供したい「サービス」が明らかになったら、もう一歩踏み込んで検討していただきたいことがあります。それはサービスの "本質" についてです。

（1）お客様の "真の欲求" を知る

　そもそもサービスとは、**お客様に "満足" または "便益" を与えるもの**でなければなりません。つまり私たちは、単に「契約どおりのことをやって終わり」なのではなく、**お客様の "欲求" を充足させてはじめてサービスを提供したといえる**という認識をもたなくてはなりません。

　たとえば「薬」を求める人は、薬が欲しいわけではありません。購入した薬を服用することによって「病気を治したい」と思っているから薬を購入するのです。よって、購入・服用した薬で十分な効用が得られなければ、満足はできません。便益を提供してもらったという気持ちにはなれないのです。それは、"真の欲求" が満たされていないからです。

　私たちが提供するサービスでも同じことです。たとえば「月次訪問」であれば、お客様は単に訪問してくれることを望んでいるわけではないでしょう。月次訪問というサービスに対して、必ず一定の欲求をもっているはずです。具体的には、

- ●税務や経営などの相談を気軽にしたい
- ●現在の経営状態の分析や、改善の提案をしてほしい

- 決算対策や節税の相談に乗ってほしい
- 当社の立場に立った適切な税務調査対策をしてほしい

といったようなことでしょう。

また、「相続相談」というサービスであれば、単に相談に乗ってあげればよいというものではありません。

お客様はそのサービスに対して、

- ムダな相続税は1円たりとも払いたくない
- 愛する家族を"争族"に巻き込みたくない
- 子供たちが相続税の納税資金に困らないようにしておきたい
- 円滑な事業承継を実現したい

といった欲求をもっています。それらの欲求を満たしてはじめてサービスの提供が完了したといえます。

このように、本物のサービスを提供していこうとするならば、**お付き合いしたいお客様に提供するサービスの"本質的価値"を明確にする**ことが、とても重要です。

一方で、お客様は1人ひとり違った欲求をもっています。そのすべての欲求をカバーすることは困難です。そこで、お付き合いしたいお客様の特性ごとに、どのような欲求をもっているのかを明確にしていくことが必要になります。

たとえば先の相続相談の場合、一般の方であれば「ムダな相続税は1円たりとも払いたくない」という欲求を満たすことが最も大事かもしれません。しかし、企業経営者であれば、「多少相続税が増えたとしても、円滑な事業承継を第一に考えたい（相続税は円滑な事業承継を実現するためのコストである）」と考えるかもしれません。

このように、**お客様によってサービスに対する欲求は異なっている**と認

識したうえで、**お付き合いしたいお客様ごと、提供したいサービスごとに、その本質的価値とは何かを明確にする**ことが大切です。

　ぜひ、下表のような視点で検討をしていただき、それぞれのお客様にマッチした本質的価値を提供していただければと思います。

【本質的価値を明らかにする】

お付き合いしたいお客様	提供したいサービス	本質的価値

　このように考えたとき、営業活動とは、お付き合いしたいお客様を、提供したいサービスによって得られる本質的価値を受け取ってもらう入口に導くための活動であり、売れる仕組みづくりとは、その最適なルートを構築する活動であるといえるのです。

（2）自分たちの“強み”を考える

　お客様ごと、サービスごとの本質的価値が明らかになったところで、もう1つ明確にしておきたいことがあります。それは、**事業領域内における事務所の“強み”**についてです。

　「うちには強みといえるほどの強みなんてない」といった声が聞こえてきそうですが、決してそんなことはありません。ただ、それに気づいていないということはあるでしょう。また、他事務所との比較ができないために自信がもてずにいるのかもしれません。しかし、現に立派に事務所が存在している以上、必ず強みは存在します。

　それでは、具体的に事務所の強みを明らかにしていきましょう。まずは、**事務所のよいところを100個挙げる**ことを実践してみてください。ご自身

で考えるだけでは、100個も出てこないかもしれませんね。そこで、次の取り組みをしてみてください。

□まず、職員1人ひとりが事務所の強みを考える
□それを持ち寄り、他の人の視点や考えに便乗しながら、さらに膨らませていく
□お客様にお尋ねし、評価してくださっている点をお聞きする
□提携している先が評価してくださっている点をお聞きする

　ご自身では強みとは思えていなかったことでも、他の人からは強みに見えていることがあります。周りが評価してくださっている場合もあります。
　また、「この業界では当たり前だ」と思っていることが、当たり前にできていない事務所もあります。それらの事務所と比較すれば、当たり前にやっていることが当たり前ではなく、逆に強みになる可能性があるのです。

　たとえば、どこでも行なっていると思われている月次訪問ですが、実施していない事務所もあります。訪問しているといっても、ただ資料を取りに行くだけの事務所もあります。訪問しても、ただ試算表をつくっておわりという事務所もあります。それらが悪いことだといっているのではありません。お付き合いしたいお客様に提供したいサービスの本質的価値に合致しているものであれば、それでかまわないのですから。
　また、税制改正情報を資料に基づいて説明するという、ある意味、税理士事務所の根幹ともいえる業務すら実施できていない事務所も少なからずあるものです。
　ぜひ「当たり前にやっていること」ももれなく棚卸しし、それを強みと捉えて100個の中に加えてみてください。
　知っておいていただきたいのは、**同じサービスを提供していたとしても、提供している"価値"は異なる**ということです。「訪問している」といった表面的な内容にとらわれず、「何のために訪れているのか」、その"本質"

に立ち返って検討していただきたいと思います。

　さて、「いまある強み」の考察が終わったら、**いまはできていないが、これから強化・発揮していきたい強み**も加えて検討してみてください。その「まだない強み」を明確に意識することができれば、その強みの獲得を目指して活動していくことになります。そして、本当の強みになっていくのです。決して卑下することなく、客観的に、かつ**「自分たちは何をもってこの社会に貢献していこうとするのか」**を意識しつつ、「お客様」や「サービス」に対する熱い思いを込めて、検討してみてください。

　そのようにして、本質的価値と強みが最適に融合されたとき、"売れる仕組み"はほぼできあがっているといっても過言ではありません。

6-④ "本質的価値"と"強み"を伝えるツールの使い方

　本章の冒頭でお話ししたとおり、税理士事務所における「営業活動」とは、**お客様から「お願いですから当社の面倒を見てください」と言っていただける活動**でなければなりません。

　そのための第一歩として、お付き合いしたい「お客様」に提供したい「サービス」の"本質的価値"と、それを提供していくための事務所の"強み"について、明らかにしてきました。

　しかし、事務所が提供する本質的価値と強みが明らかになったとしても、それをお客様にわかってもらえなければ意味がありません。わかってもらえるとしても、そこに必要以上にマンパワーがかかってしまうようであれば、最良の方法とはいえません。

　そこで本項では、**ツールに仕事をさせること**に重きを置き、特に見せ方の工夫の仕方について解説していきたいと思います。

（1）ツールに仕事をさせるということ

　お客様にお伝えしたいことをわかってもらうための「ツール」には、「パンフレット」「ホームページ」「名刺」などがあります。それらのツールを見てもらうだけで、お客様に本質的価値や強みをわかってもらえるようになっていることが望ましいといえます。

　たとえば、サービスの内容について、以下のように、サービスメニューの列挙で終わっているホームページをよく見かけます。

《サービス内容》

□各種税務申告（法人税・所得税・資産税など）　□記帳代行

□決算対策　□資本政策　□事業承継対策　□事業再生・再建

□資金繰り改善　□Ｍ＆Ａ支援　□海外進出支援　□経営計画立案

□開業支援　□経理改善指導　□補助金申請　□相続相談

□会計参与　など

　もちろん、"品揃え"が充実していることを表現するためには、このような記載は必要です。しかし、これで終わってしまっていては本質的価値と強みをお伝えすることはできません。

　前項で説明したとおり、**お客様の欲求からアプローチし、事務所の強みを知っていただく**ことが重要です。たとえば、「相続相談」であれば、

【次のような思いをおもちではありませんか？】

　□**ムダな相続税は１円たりとも払いたくない！**

　□**愛する家族を"争族"に巻き込みたくない！**

　□**子供たちが相続税の納税資金に困らないようにしておきたい！**

　□**円滑な事業承継を実現したい！**

【そんなあなたをサポートします！】

　□**私たちは、年間〇件以上の相続のご相談をいただいております。**

　□**相続税専門の税理士が、豊富な経験に基づいてご相談に応じます。**

　□**初回は無料にて相談をお受け致します。**

　□**税理士には守秘義務があります。安心してご連絡ください。**

といったような記載があれば、お客様に事務所が提供する本質的価値と事務所の強みを感じていただけると思います。このような表記になっていることが、「ツールが仕事をしている」状態といえます。

（2）購買心理の7ステップで考える

　では、どのようにして、そうしたツールに整えていけばよいでしょうか。具体的な掲載内容を考える際は、**購買心理の7ステップを意識する**ことが大切です。購買心理の7ステップとは、次のようなものです。

Step1　注意

　振り向いてもらう"きっかけ"を意味します。一般的には、注意を引くような店舗の外装やショーウィンドウの工夫をします。パンフレットやホームページなどでは、「手に取ってみよう」「ページを開いてみよう」と思っていただく工夫をすることになります。

Step2　興味

　「どんな事務所なんだろう？」と興味をもってもらい、「よさそうだなぁ」と思ってもらう段階です。

Step3　連想

　実際に相談しているイメージを想像し、「この事務所なら悩みを解決してもらえそうだ」と感じてもらう段階です。

Step4　欲望

　「相談したい！」と強く感じていただく段階です。

Step5　比較

　"欲望"が鮮明になり、それを強く意識するようになると、逆にブレーキをかける心理が働くものです。他の事務所のホームページを閲覧し、また人に聞いてみるなどして、本当に自分の選択が正しいかどうかを確認していきます。

Step6 確信

"比較"によって、確信をもつ段階です。

Step7 決断

「この事務所に決めた！」と決断し、連絡を入れる行動をとる段階です。

これらのステップを意識した効果的なツールにするためのポイントは、以下のようになります。

図表6-3 7つのステップに合わせた「ツール」のポイント

ステップ		ポイント
1	注意	紙質、フォント、写真・イラスト、キャッチコピーなど
2	興味	"本質的価値"や"強み"がイメージできるように工夫する
3	連想	「サービス紹介」「相談事例」「よくある質問」「スタッフ紹介」など
4	欲望	実際に相談している状況をイメージできるように工夫する
5	比較	「タイムリーな情報」「専門知識」「相談プラン」「料金表」など
6	確信	他事務所との違いがわかりやすいよう工夫する
7	決断	資料請求や相談申込などの反応の入口をわかりやすい位置に配置し、アクションを起こしやすいように工夫する 「いますぐ」でない場合でも反応できるよう、メルマガ・ニュースレターなどの申込みができるように工夫する

このようなポイントを意識しながら、"働くツール"を検討してみてください。

また、税理士事務所の営業は、"狩猟型"ではなく"農耕型"です。土地を耕して肥料をまきながら収穫に結びつけるように、情報を提供し、相談に応じながらお客様を増やしていくような姿勢が大切です。メルマガやニュースレターなどを継続的に提供することによって、「そのとき」が来たらすぐにご連絡いただける関係づくりをしておくことが肝要です。

6 ⑤ 「お客様からのご紹介」を いただく確かな方法

"働くツール"ができたところで、実際に「営業活動」を始めていくことになります。ここからは、具体的な"農耕型"営業活動について、

- ●お客様からのご紹介
- ●提携先との関係構築
- ●コミュニティの構築

の3つの視点に絞ってお伝えしていきたいと思います。

（1）お客様を3つのグループに分類する

上記の3つの中でも、税理士事務所にとって、最も効果的で本質的な営業活動といえば、既存のお客様から"紹介"をいただく活動でしょう。

紹介は、お客様の満足度のバロメーターともいえるものであり、事務所経営における最も重要な指標の1つといっても過言ではありません。まずはお客様にご満足をいただき、積極的に紹介をいただけるような関係をつくっていくことが大切です。

そのためにもまず、**図表6-4**にあるように、お客様をグループ分けしてみてください。

紹介をいただけるお客様は、「愛用」グループに所属するお客様だけです。よって、既存のお客様すべてが「愛用」グループに入っていただけるよう、満足のレベルを上げていかなければなりません。

図表6-4 お客様のグループ分けの視点

グループ	特　徴
愛用	ファンになってくださっているお客様。当事務所との付き合いを得意気に話をしてくださり、ご紹介も積極的にいただける。
継続	継続的にご利用いただいているお客様。ご満足はいただいているが、紹介をいただけるほどではない。
懸念	とりあえずご利用いただいているが、関与切れのおそれがぬぐえないお客様。現実的にご満足いただけていない場合と、どのように感じておられるかをつかめていない場合とがある。

　まずは「懸念」グループのお客様について、その本心をお尋ねしたうえで、改めてそのお客様が求める本質的価値を明らかにしてご提供することで、ランクアップを図っていきましょう。

　また、"満足"を阻害している要因がある場合は、それが何かを明確にし、改善していくことになります。この対応が好ましいものであれば、「継続」グループを通り越して、「愛用」グループへの昇格も夢ではありません。

　次に、「継続」グループのお客様については、もっともっと本質的価値を感じていただくためにはどのようにしたらよいかを考え、実践していきます。積極的に提案し、よりいっそうの満足をご提供できるようにしていきましょう。

　そして、「愛用」グループのお客様には、具体的にご紹介をいただけるように働きかけていくことになります。税理士事務所においては、「紹介キャンペーン」などといった取り組みは現実的ではないでしょうから、日常的、継続的なお声かけが大切です。

　一方で、単に「ご紹介ください」では、なかなか結果が出ないものです。どんな人や会社を紹介したらよいか、にわかにイメージすることが難しいからです。紹介をお願いするにあたっては、260ページで解説した、お付

き合いしたいお客様がどのような"特性"をもっているかを明らかにし、**お付き合いしたいお客様の特性を明確に示してご紹介をお願いする**ことが肝要です。

> 「**このようなお悩みをもつ方が近くにいらっしゃるようでしたら、お役に立てると思います。どなたかいらっしゃれば、ご紹介ください**」

というように、対象となるお客様を限定すれば限定するほど、紹介をしていただきやすくなるものです。まずはご紹介いただきたいお客様の特性を明確にしましょう。

また、どうしても「ご紹介ください」の一言が口から出ない人のために、同様の内容を記載した「紹介依頼カード」などを用意することをおすすめします。これであれば、シャイな職員でも紹介獲得活動が実践できます。

(2)"満足"の瞬間こそ紹介のチャンス

前述のとおり、紹介は日常的・継続的にお願いするものではありますが、なかでも、**お客様の"満足"の瞬間が最適**です。たとえば、法人税・所得税・相続税などの税務申告後の最終報告の場や、相続財産のシミュレーション結果や経営計画書などの提供時などは、満足がピークに達しているものです。そして、その"瞬間"こそが、一番ご紹介をいただきやすいタイミングなのです。

したがって、より多くの紹介をいただこうとするならば、**意識的に満足を感じていただく機会を増やしていく**、すなわち、既存のお客様に対する追加サービスのご提案を継続的に行なっていくという観点も必要です。

追加サービスの提案によって収益を増やし、追加サービスの実施によってお客様満足を高め、結果として紹介獲得の機会が増えることで新規契約での収益を増やす。新たな付加価値を創出する、まさに理想的な展開といえます。

また、意外に感じられるかもしれませんが、**新規契約時は紹介獲得の最良のチャンス**です。新規契約時は、前項でお話しした「購買心理の7ステップ」の最終ステップである“決断”をした瞬間ですから、実は満足がピークに達した瞬間でもあるのです。「サービス提供を開始してから」「提供するサービスによって満足を感じていただいてから」と考えず、契約をいただいたその瞬間に、

「同じようなお悩みをおもちのお知り合いの方はいらっしゃいませんか?」

と声をかけてみましょう。ご自身が自信をもって決めた事務所です。自信をもってご紹介いただける可能性は高いものなのです。

　さて、実際にご紹介をいただいたとしても、面談に至らなければ、売上高にはつながりません。ご紹介をいただいてから実際にお会いできるまでの間に重要な役割を果たしているのが、「ホームページ」です。
　「ホームページからの問い合わせなんてない」との声も聞きます。たしかに、ホームページを見て、それだけで連絡をくださる人は少ないでしょう。しかし、紹介を受けた人は、確実にホームページを閲覧しに来られると思ってよいでしょう。**紹介を受けた税理士事務所がどのようなところなのかを確認したい**と思うのは、当然のことだからです。
　そのときに、前項で説明したように、自分たちが提供する本質的価値や事務所の強みが伝わるような内容を完備したホームページであれば、「会ってみよう!」という気持ちが高まります。ホームページは問い合わせを増やすためのものではなく、ご紹介をいただいた際の“安心”と“期待”を担保するものとの認識が必要です。

　最後に、ご紹介をいただいた際のお礼ですが、お客様との信頼関係に基づく紹介が主となる税理士事務所においては、過度な特典はあまりそぐわ

ないようです。紹介をいただいた時点では、数千円の図書券などの、あまり気にならない程度のものがよいでしょう。

　また、無事成約した場合は、お金よりも食事などのほうが喜ばれるようです。紹介された方、紹介してくださった方の双方をお呼びして会食することで、よりいっそう、円滑なお付き合いの始まりが実現できるという効果もあります。

　なお、250ページで解説したように、訪問担当者が専任者である場合は、懸念先から継続先、継続先から愛用先への「ランクアップ」と「紹介」の獲得は、訪問担当者の責任ということになります。

6-6 提携先とは一緒に発展・成長できる関係を築く

　"農耕型"営業活動の2つ目の視点として、提携先との関係構築について考えてみたいと思います。税理士事務所にとっての提携先は、263ページでも示したとおり、次のような企業・団体・組織などが該当します。

【提携先の例】
　□同業（お互いに特化したサービスで、やらないと決めたサービスを補完し合う）
　□他士業
　　　□社労士　　□弁護士・司法書士・行政書士　□不動産関係　など
　□他業界
　　　□銀行・信金等　□保険代理店　□ハウスメーカー　□不動産業
　　　□医療関係　□葬儀社　□介護施設　など

　どの業界を提携先として考えるかは、「お付き合いしたいお客様」や「提供したいサービス」によって変わります。事務所が目指す理想の事業領域に鑑みて検討いただければと思います。

（1）提携先の開拓も、お客様からの紹介が有効

　選定された業界における提携先を見出すには、やはり、**お客様から取引のある先を紹介してもらう**ことが一番の近道であり、かつ確度の高いものになるでしょう。縁もゆかりもない先に飛び込みでアプローチするよりは間違いなく会っていただくことが容易でしょうし、「〇〇社長の紹介であれば」と、好意的な立場でファーストコンタクトを取ることもできます。

また、お客様と取引のある先であれば、その取引状況から仕事の仕方やレベルなどもわかります。さらには、お客様からその会社に対する評価や担当者の人柄などをお聞きすることもできるからです。

　ただ、せっかくご紹介をいただいたとしても、なかには「あの会社は〇〇事務所との関係が深いから」などと、二の足を踏むようなケースもあるかもしれません。しかし、他事務所と深い関係にある先であったとしても、担当者1人ひとりまで浸透しているとは限りません。

　特に、お客様に出入りしている担当者からすれば、会ったこともない提携先の事務所よりも、担当しているお客様からの紹介先のほうが受け容れやすいものです。ですので、予見を挟まず、まずは紹介いただいた担当者と個人的なお付き合いを深めていけばよいでしょう。

　さて、紹介いただいたのち、好ましい関係を構築するためには、何よりも、**"ＧＩＶＥ　ＦＩＲＳＴ"で"ＷＩＮ-ＷＩＮ"の関係を構築する**ことが大切です。

　一番の"ＧＩＶＥ"は、こちらからお客様を紹介することです。しかし、なかなか都合よく紹介先が現われるとは限りません。そのような場合は、**継続的な情報提供**を検討するとよいでしょう。具体的にはニュースレターやメルマガ配信などになります。また、**定期的な情報交換の場を設ける**ことも有効です。ときには、食事をともにされてもよいでしょう。飲食は、好ましい関係構築にとても有効です。

　ただし、飲食代を負担した際、見返りとして紹介を求めるような姿勢は、当然ながら厳に慎まなければなりません。あくまでもＧＩＶＥ　ＦＩＲＳＴであり、ＷＩＮ-ＷＩＮの関係を構築するための1つのプロセスにすぎません。結果を性急に求めないことです。

　さて、お客様の紹介や情報の提供・交換といった取り組みによってその担当者と好ましい関係が構築することができれば、次に点から線、線から

面へと展開していきます。たとえば、その担当者の方が支店に所属しているのであれば、

　　□支店長をご紹介いただく
　　□支店内で、勉強会の講師をさせていただく
　　□支店のお客様向けのセミナー講師をさせていただく
　　□支店のお客様対象の無料相談会の相談員をさせていただく

といった具合に広げていくわけです。

　その支店での活動が認められれば、その会社全体の活動として展開していき、結果として、公式な提携先へと発展していく可能性が出てきます。

　また、窓口になってくれた担当者がいずれ転勤していけば、タンポポの種子のように、彼・彼女が移った場所に花開き、さらなる展開が実現できるかもしれません。さらに、その彼・彼女が出世し、支店長、営業部長、最後には社長にまでなれば、まさに盤石の提携先となることでしょう。そこまで都合のよい結果にはならなかったとしても、最初はたった1人が突破口となることは間違いありません。

（2）単なる"業者"ではなく"先生"として関係を構築する

　前述の「勉強会」や「セミナー」の講師、または「無料相談会」の相談員をさせていただくことは、単にお客様をご紹介いただくよりもよい点があります。それは、**"先生"という立場から入ることができる**ことです。これは意外に大きなポイントです。

　単に紹介されるだけでは、"業者"的なポジションになってしまう可能性があります。単純に現在お付き合いのある税理士事務所と比較され、単に顧問料勝負に陥ってしまう可能性を秘めているのです。

　ところが、「いまの税理士事務所からは聞いたことがないような知識や情報を提供してくれる先生」であれば、状況は一変します。そして「この

事務所なら、当社の成長に寄与してくれるかもしれない」との期待をもっていただけたら、営業活動へと展開させることができる可能性が高まります。まさに、**お客様から「お願いですから当社の面倒を見てください」と言っていただける活動**となるのです。

　これまでセミナーを自前で開催したことがない事務所にとっては、その実現は、かなりハードルの高いものだと思います。もちろん、その開催能力があり、また高い訴求力をもつテーマや講師が存在するならば、定期的、継続的に行なうことで「○○に強い会計事務所」の演出にも効果的といえるでしょう。

　そうでない場合は、やはり集客力をもつところにセミナー開催を委ねることが現実的です。さらには、先生の立場でスタートできることはとても重要です。それこそが、提携先の魅力であるといっても過言ではありません。

　まずは1人の担当者の方へのアプローチを皮切りにして、「社内勉強会」「お客様向けセミナー」「無料相談会」などの取り組みに発展させ、WIN-WINの関係を構築していくことで、“売れる仕組み”をつくっていっていただきたいと思います。

信頼を勝ち取る
コミュニティの築き方

"農耕型"営業活動の最後の視点として、「コミュニティ」の構築について考えてみたいと思います。

コミュニティの構築については、

（1）既存の異業種交流会や勉強会に参加する
（2）自ら異業種交流会や勉強会を創設する

の2つの視点があります。それぞれについて考えてみましょう。

（1）既存の異業種交流会や勉強会に参加する

すでに多くの場に参加されている人は多いと思います。この場合、大切なのは、**直接的・短期的な営業活動と考えてはいけない**ということです。

まず、それぞれの会に所属する人をお客様にしようという考えは、基本的にもたないほうがよいでしょう。

それぞれの会には、すでに多くの税理士事務所が参画されていることが多いものです。仮に「税理士事務所を替えたい」と思っている経営者がいたとしても、その会に所属する複数の税理士事務所から1つを選択するというのは、なかなか勇気のいることです。地域密着型の業界ですので、なおさらです。

では、異業種交流会や勉強会に参加することが、営業活動として全く意味がないかといえば、そうともいえません。**会員から紹介をいただく**可能性があるからです。逆にいえば、そのくらいのスタンスでいるほうがよい

といえます。

- □ その会の活動に積極的に参画する
- □ "GIVE　FIRST" で情報提供をしていく

などの取り組みを通じて、「あの事務所は信頼に値する」という評価をいただければ、「当社は他の会員の手前難しいけど、知人・友人が困っていたら紹介しよう」となるものなのです。

　逆に、「入会してみたけれど、全く営業的な価値がない」と短絡的に判断し、早々に参加しなくなれば、そのことで「信頼できない事務所」とのレッテルを貼られてしまうおそれもあります。いったん参加したなら、まずは積極参加とGIVE　FIRSTを意識して活動されることをおすすめします。

（2）自ら異業種交流会や勉強会を創設する

　こちらの取り組みは、少し手間のかかるものになりますが、構築できれば、それまで以上に強固な関係を構築することができます。まずは274ページ以下で解説した「愛用」グループのお客様を対象として構築するとよいでしょう。

　現実的には、「異業種交流会」よりも「勉強会」のほうが運営しやすいでしょう。明確にした事業領域にマッチしたテーマで、「愛用」グループのお客様の知人・友人を集めていただいて定期的な勉強会を開催していくのです。お客様からすれば勉強もできて、なおかつ知人・友人に顔が立つ、まさにGIVE　FIRSTの取り組みといえるでしょう。

　また、運営は大変ですが、１つの会を大きくすることよりも、**少人数の会を複数もつほうがつながりは深くなる**ものです。満足度と親密度が両立

できる参加人数の限界は、20名程度と考えておくとよいでしょう。

　そうして、多くの会をつくりながらも、極力事務所の負担を抑えていくために、会を立ち上げ、活性化してきたところで、参加メンバーが自主的に運営していってもらえるように工夫されるとよいでしょう。自主運営になることで、参画意欲も高まるものです。ぜひ、そのような"仕組み"づくりをしていっていただければと思います。

執筆者略歴

亀井英孝 （かめい ひでたか）

株式会社名南経営コンサルティング取締役。

1965年岐阜県生まれ。89年、名南コンサルティングネットワークの経営指導部門である名南経営コンサルティング・ＭＡＳ事業部のコンサルタントとして、入社以来、100社を超える中堅・中小企業の経営指導を実施。2001年より取締役。2002年より名南コンサルティングネットワーク全体の総務部門の責任者となり、採用・教育・人事制度つくりなどを担当。同時に、当時「不夜城」といわれていた会社の生産性向上に着手。2011年からは、全国の税理士事務所向けのコンサルティングおよびサポートに従事。特に生産性向上に関わる講演や指導には定評がある。また、後継者育成や経営計画立案を得意分野とし、後継者・後継幹部を対象とした勉強会を各地で主宰するなど「事業承継」をライフワークとしている。全国の経営者団体からの講演依頼も多数。

株式会社名南経営コンサルティング

1966年開業の佐藤澄男税理士事務所(現・税理士法人 名南経営)を祖業としたコンサルティングファーム「名南コンサルティングネットワーク」の中核企業。ネットワークでは、経営に関わるあらゆる専門家を抱え、中堅・中小企業を対象に、企業経営をワンストップでサポートして信用・実績を積み重ね、多くのクライアントをもつ。総スタッフ数415名。同社は戦略的経営計画策定支援などの経営コンサルティング、経営者・後継者・経営幹部の育成指導、人事労務コンサルティングを得意分野とする。本書は、おもに同社取締役・亀井英孝氏が執筆。

住所 〒450-633 愛知県名古屋市中村区名駅一丁目1番1号
            JPタワー名古屋34階

電話 052-589-2780
https://www.meinan.biz

業務を革新し付加価値をアップさせる
税理士事務所の勝ち残り戦略ワークブック

2019年6月20日 初版発行

著 者 **株式会社名南経営コンサルティング**
      ©Meinan Management Consulting Co.,Ltd.2019

発行者 吉田啓二

発行所 株式会社**日本実業出版社** 東京都新宿区市谷本村町3-29 〒162-0845
                              大阪市北区西天満6-8-1 〒530-0047

      編集部 ☎03-3268-5651
      営業部 ☎03-3268-5161   振 替 00170-1-25349
                              https://www.njg.co.jp/

                  印 刷/理 想 社   製 本/若林製本

この本の内容についてのお問合せは、書面かFAX(03-3268-0832)にてお願い致します。
落丁・乱丁本は、送料小社負担にて、お取り替え致します。

ISBN 978-4-534-05698-6 Printed in JAPAN

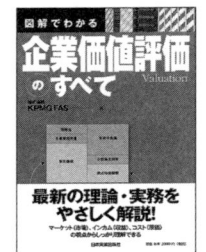